ASMRで何度も聞ける

魔法の英語パターンリスニング

著 BlueKatie

はじめに

みなさん、はじめまして！ BlueKatieと申します。普段はYouTube などで、ASMRの動画や音声を投稿しています。

みなさんは ASMR をご存じですか？ 髪の毛を誰かに触っても らった時のぞわぞわする感覚や、鳥の囀り・雨の音などから感じる 心地よい反応をASMRと呼びます。

今、若い人を中心に、ASMR動画・音声の人気が高まっていま す！ 特に、ASMRの音声を聞いてリラックスすることで、睡眠導入 に使ったり、ストレスを解消したりしている人が増えているようです。 YouTubeなどのSNSには、多くのASMR動画・音声が投稿されていま す。

この本はASMRの音声で英語のリスニングができる、（おそらく） 世界ではじめての書籍です。

初めの2ページで、今回学ぶパターンと具体的な使い方を、例文を 使って解説します。また、重要な「予習単語」も紹介します。

次の2ページの、今夜のパターンや予習単語を使った「今夜の例文」で、具体的なシチュエーションを学びます。

最後に、ASMRで収録したリスニング音声を聞くことで、英語の記憶を定着させながら、リラックスすることができる、一石二鳥の仕組みになっています！　ナレーションも私・BlueKatieが担当しています。

私は、オランダ人の父と日本人の母のあいだに生まれ、中学から2023年までオランダで生活しました。英語を母国語としない国ではオランダ人は世界で一番英語が上手[1]と言われ、国民の94％がバイリンガル[2]です。私自身、英語と日本語、オランダ語を話すことができ、TOEIC990点満点とケンブリッジ英語検定でC2（最上級）を獲得しています。

そんな私の「ネイティブの自然な英語を学んでもらいたい！」という思いから、ネイティブっぽい言い方やスラングなども積極的に解説しています。おやすみ前にこの本で学習して、ぜひネイティブの英語を身につけていってくださいね！

BlueKatie

1．NL Times. (November 9, 2023). Netherlands again tops global English Proficiency Index. https://nltimes.nl/2023/11/09/netherlands-tops-global-english-proficiency-index
2．Publications Office of the European Union. (2012). Europeans and their languages. Special Eurobarometer, 386, June 2012.

CONTENTS

ネイティブにもっと近づくパターン 121

BlueKatieがナレーションを担当した

ASMR音声のDL方法について

パソコンでダウンロードして聞く方法(高音質・標準音質音声)

下記のURLへアクセスいただくと、高音質FLAC・ALAC形式と標準音質mp3形式の音声データをダウンロードできます。「特典音声のダウンロードはこちら」の欄からダウンロードし、ご利用ください。

https://www.kadokawa.co.jp/product/322312001124/

ID：ASMR_English PASSWORD：prWp&W8p

※ASMR音声の特性により、一部ノイズが入る箇所がございます。※音声はFLAC、ALACおよびmp3形式で保存されています。お聞きいただくにはFLAC、ALACおよびmp3ファイルを再生できる環境が必要です。※FLAC・ALACファイルは44.1kHz/16bitで保存されています。※ダウンロードはパソコンからのみとなります。携帯電話・スマートフォンからはダウンロードできません。※ダウンロードページへのアクセスがうまくいかない場合は、お使いのブラウザが最新であるかどうかご確認ください。また、ダウンロードする前にパソコンに十分な空き容量があることをご確認ください。※フォルダは圧縮されています。解凍したうえでご利用ください。※音声はパソコンでの再生を推奨します。一部のポータブルプレーヤーにデータを転送できない場合もございます。※なお、本サービスは予告なく終了する場合がございます。あらかじめご了承ください。

スマートフォンで音声を聞く方法(標準音質音声のみ)

ご利用の場合は、QRコードまたはURLより、スマートフォンにアプリをダウンロードし、本書を検索してください。

abceedアプリ(無料) Android・iPhone対応

https://www.abceed.com/

※abceedは株式会社Globeeの商品です(2024年5月現在)。

Chapter

1

どんな場面でも
使える
定番パターン

朝、通勤する電車の中で、昼、学校で、
夜、夕食のテーブルで……
一日中、どんな場面でも使えるパターンを9個まとめました。

let me

私に〜させてください

Track No.
01

"let ○○ 〜"で、「○○が〜することを許す」や
「○○が〜できるようにする」という意味があり、
"let me〜"は「私に〜させてください」という意味で
よく使われるパターンです。"let me"を使った定型表現が
いくつかあるので、合わせて見ていきましょう!

1. "let me"

Let me think about it for a moment.

少し考えさせて。

→ 「自分に〜させてほしい」あるいは「(あなたに代わって)〜してあげよう」という意味で頻繁に使われます。

2. "Let me know."

If you need a hand, let me know.

助けが必要になったら、教えてください。

→ 優しく「教えてほしい」というニュアンスを持つイディオムで、使う時はよく "Please" を前につけます。

3. "Let me see."

Let me see, where did I put my keys?

ええっと、鍵はどこに置いたっけ？

→ こちらもイディオムで「ちょっと考えさせて」という意味です。seeには「〜を確かめる」という意味があります。

予習単語

run ~ by （人）に〜を相談する、確認する

アイデアや計画について、他の人に意見や感想を聞きたい時によく使われます。

---

itinerary 旅程、旅行プラン

旅行中の詳細な計画やスケジュールのことを指す英単語です。交通手段、宿泊施設などの情報が含まれます。「アイティネラリー」と発音します。

---

bounce ideas off （人）と意見を出し合う

カジュアルな場面で、お互いに意見を出し合い、アイデアや考えを誰かと共有することを意味します。"bounce" は「跳ね返る」を意味し、このフレーズはお互いの体にアイデアがボールのように跳ね返るイメージです。

---

touch base 軽く連絡を取る

ビジネスでよく使われる表現です。電話やメールなどで簡単に近況報告や情報交換をすることを意味します。野球の走者がベースに軽く触れることが由来です。

今夜の例文

Mariko: Hey Jade, do you have a moment? There's something I've been meaning to <u>run by</u> you.

Jade: Sure, Mariko. What's up?

Mariko: Well, let me start by saying that I've been thinking about our upcoming business trip.

Jade: Ah, yes. Let me guess, you're wondering about the <u>itinerary</u>?

Mariko: Exactly. I wanted to see if we can fit in some time for sightseeing between our meetings. Let me know when you're ready to <u>bounce ideas off</u> each other.

Jade: Absolutely. Let me <u>touch base</u> with you later.

さらに知っておきたい単語

Do you have a moment?	ちょっといい？
mean to	〜するつもりだ
Sure.	もちろん
say that	〜だと言う

マリコ： ちょっとジェイド、時間ある？　あなたに話そうと思ってたことがあるの。

ジェイド： いいよ、マリコ。どうしたの？

マリコ： ええと、最初に今度の出張について考えてるんだけど。

ジェイド： ああ、旅程のことかな？

マリコ： まさに。打ち合わせの間に観光の時間を入れられないかと思って。お互いのアイデアを出し合う準備ができたら教えてね。

ジェイド： もちろん。今日中に連絡させて。

upcoming	次の、今度予定している
wonder about	～について知りたいと思う
see if	～かどうか確かめる
fit in	～をスケジュールに組みこむ

be supposed to
〜するはずだ

Track No.
02

直訳は「〜すると想定される」ですが、色々な意味を持ちます。
例文を一気に見て、ニュアンスをつかんでください!

1. 約束や予定について述べる

What time are we supposed to be there?

何時にあそこにいればいいんだっけ。

2. ルールや規則に基づいて想定されることについて述べる

You're not supposed to feed the animals at the zoo.

動物園の動物にエサを与えてはいけないことになっている。

3. 予測やレポートに基づき想定されることについて述べる

This medicine is supposed to cure a cold.

この薬は風邪を治すはずだ。

4. 一般的に信じられていることに基づいて述べる

Students are supposed to study before exams.

学生はテスト前に勉強するものだ。

5. 計画やスケジュールに基づいた予定を述べる

My cousin is supposed to visit us this weekend.

今週末、いとこがうちに来ることになっているんだ。

6. 自分自身や他の人々、状況に対して抱いていた期待について述べる

You were supposed to do the dishes today.

今日はあなたが皿洗いをするはずだったでしょ。

予習単語

out of the blue　予期せず

「"青の外に"って何?」と思うかもしれませんが、日本語の「青天の霹靂」と同じ意味だと考えると理解しやすいかもしれません。

mess up　～が台なしだ!／おかしい!

能動態では「何かがうまくいかず、台なしだ」という意味のカジュアルな表現です。例えば "I messed up the exam!" は「試験がまったくうまくいかなかった!」です。

一方、受動態で使う場合は「問題だらけの状況」を指します。例えば "You are so messed up!" は「あなた、おかしいよ!」です。人に対して使うとかなり失礼なので注意!

13

Mariko: Lily, did you know we're supposed to meet the representative director on Thursday?

Lily: Oh, really? I haven't heard anything about it. It feels like it came out of the blue!

Mariko: Yeah, it was a sudden announcement. But I'm not sure if it's a good idea since according to the forecast, it's supposed to snow a lot later this week.

Lily: I understand that employees are supposed to have a meeting with the director, but I really hope they cancel it. It will mess up my schedule if I get stuck in any traffic jam.

さらに知っておきたい単語

representative director	代表取締役
sudden	突然の
I'm not sure if	〜かどうかわからない
since	〜だから、〜なので

マリコ： リリーさん、木曜日に代表取締役に会うことになっているの、ご存じでしたか？

リリー： あら、そうなの？ 何も聞いてないわ。突然ね！

マリコ： ええ、突然の発表でした。でも、予報によると、今週後半は雪がたくさん降ることになっているので、どうなんでしょうか。

リリー： 一般的に従業員が取締役とミーティングするべきなのはわかるけど、本当にキャンセルしてほしいわ。渋滞に巻きこまれたら、予定が狂ってしまうし。

employee	従業員
director	取締役
get stuck in	～にはまる、～で動けなくなる
traffic jam	交通渋滞

What I'm saying is

要するに

Track No.
03

"What" は「〜なこと、もの」を意味する関係代名詞です。
このパターンには主に2つの使い方がありますが、
どちらも「自分が言いたいこと」を大まかに指しているという
共通点があることを理解しておけば大丈夫。
実際のフレーズを見て、使い方を学びましょう!

1. 文頭などで「要するに」

What I'm saying is, no more delays.

要するに、これ以上遅れるなということだ。

→ 自分が言いたいことを要約したり、強調したりする時に使うパターンです。

2. 「言いたいこと」をぼやかして表す

Do you see what I'm saying?

私の言いたいことはわかるでしょ?

→「自分が言いたいこと」を細かく言わずに相手に考えてほしいニュアンスを持たせたい時にも
使います。

buzz ざわつく、うわさ

元々は「ハチがブンブンと音を立てる」という意味で、そこから「人々がざわつく話題・雰囲気」を指すようになりました。「ネットで話題になる」という意味の「バズる」という形で日本語にもなっていますね。

get together 付き合う

人が集まることを意味する表現ですが、インフォーマルな場面では二人の人間が付き合い始めることを指す意味もあります。

Something is brewing. 何かが起ころうとしている

直訳は「何かが醸造されている」で、徐々に新しい状態になる、何かが起ころうとしているということを意味します。"brew"はビールを醸造する意味でよく使われますが、「魔女の薬」のような、作るのに長い時間がかかり、調理を伴う飲み物を作るという意味です。

right under my nose すぐ近くに

「"鼻のすぐ下"って?」と思うかもしれませんが、気づかないものや見つけられないものはすぐ近くにあるという意味を持つイディオムです。日本語の「目と鼻の先に」に意味は近いけれど、ニュアンス的には「灯台下暗し」に近いかも。

Mariko: So, we were catching up on the latest <u>buzz</u>, and <u>what I'm saying is</u>, did you hear about Sarah and Alex? I heard they may have <u>gotten together</u>!

Jade: I <u>did</u> notice they've been spending a lot of time together lately, there might be <u>something brewing</u> between them.

Mariko: The way they've been acting, it's got everyone talking!

Jade: Who knows, we might be witnessing the start of a new romance <u>right under our noses</u>!

+ さらに知っておきたい単語

catch up on	（情報）を仕入れる
did	（肯定文で）確かに
notice	～に気づく
spend	（時間）を費やす

マリコ:　それで、最近聞いたうわさなんだけどさ、何が言いたいかって、サラとアレックスのこと聞いた？　あの二人ってできてるらしいよ！

ジェイド:　確かに最近二人は一緒にいることが多いわね。二人の間に何かあるのかもしれないわね。

マリコ:　二人の様子を見たみんながそう言ってるもん！

ジェイド:　さあね、でも気づいてないだけで新たなロマンスの始まりをみんな目撃しているかもしれないわね！

the way	（接続詞的に）〜から判断すれば
it's got	"it has got" の略
Who knows	さあね
witness	〜を目撃する

19

Night
4

end up
結局

Track No.
04

ing形や形容詞、前置詞など色々なタイプの言葉が後ろに付く
イディオムなので、とまどってしまうかもしれません。ただ、
どんな場合でも「結局」「最終的には」という意味になることに
注目すれば、比較的理解しやすいイディオムです。
次の文を参考に、一気に覚えていきましょう!

1. ～ingが付く場合

I planned to go shopping, but I ended up staying home.

買い物に行く予定だったけど、結局家にいた。

→「結局～した」という意味のパターンです。

2. 形容詞や副詞が付く場合

Be cautious, or you'll end up stuck in a dilemma.

注意しな、でないと最終的にジレンマに陥るよ。

→ 形容詞が付く場合、"end up" の後に "being" が省略されていると考えてください。また副詞が付く場合もあります。

3. 前置詞や名詞が付く場合

I never thought I'd end up as a barista.

自分が最終的にバリスタになるとは思いもしなかった。

→ 後に前置詞が付く場合も、"being" が省略されています。また "end up as" の使い方の場合、asを省略して、名詞を後に直接置くこともできます。

予習単語

come to think of it　考えてみたら

"When I come to think of it" を略した形で、「考えてみたら〜」「そういえば〜」とふと何かを思い出した際、冒頭に持ってきて使うフレーズです。"Come to think of it, have you bought the game you were talking about yesterday?"（そういえば、昨日言ってたゲームって結局買ったの?）のように使います。

rub it in my face　マウントをとられる

直訳すると「私の顔に擦り付ける」ですが、お金持ちが貧乏な人に札束を顔に擦り付けて自慢しているイメージです。嫌だった気持ちをこめて言う時も多いですが、友だち同士の場合「自慢しないでよ〜!」と軽い感じで使われることもあります。

salty　怒りっぽい、イライラした

本来は「塩気のある」という意味ですが、スラングとして「イライラした」を表す意味も生まれました。比較的最近出現した使い方で、若者の間で爆発的な広まりを見せています。

Jade: <u>Come to think of it</u>, did you **end up** giving that guy a call?

Mariko: Huh? Which guy?

Jade: The guy that gave you his number at the club! Do you not remember?

Mariko: Oh that one! Sorry, it slipped my mind.

Jade: Ugh! You can just say that you're too popular, Mariko! Stop <u>rubbing it in my face</u>!

Mariko: Keep being <u>salty</u> and you'll never get a boyfriend!

+ さらに知っておきたい単語

give ~ a call	～に電話をかける
guy ★	男の子
Huh? ★	え？　はあ？
number	電話番号

★＝カジュアルな表現、スラング

ジェイド： そういえば、結局あの男の子に電話かけてあげたの？

マリコ： え、どの男？

ジェイド： クラブでマリコに電話番号を教えた男よ！　覚えてないの？

マリコ： ああ、あの人ね！　ごめん、忘れてた。

ジェイド： もう！　それは私モテすぎ〜って言ってるのと同じよ、マリコ！　自慢話をするのはやめて！

マリコ： そんなイライラしてたら彼氏できないわよ！

Do you not 〜 ?	〜しないの？
that one	あの人
can just say that	〜と言っているのと同じ
popular	モテる

Now that you mention it,

言われてみれば、

🎧 Track No.
05

相手の発言で何かを思い出したり、
アイデアを思いついたりした場合に使うフレーズです。
"Now that" は「今や〜 "なので"」と、理由を表すイディオムで、
接続詞のような使い方をします。
"mention" は「〜に言及する」という意味です。

1. 言われてみれば

Now that you mention it, I am a bit hungry.

言われてみれば、今少しお腹が減っているわ。

→ "a bit" は「少し」という意味です。

2. thatを省略して使う

Now you mention it, I think I left my keys on the counter.

言われてみれば、カウンターにカギを置きっぱなしにしたと思う。

→ "Now you mention it" とthatを省略することも可能です。

feel off　気分が悪い、変な感じ

"I feel off." と "I" を主語にすると、気分が悪い時、調子が悪い時に使えるフレーズになります。一方で、自分以外を主語にすると「変な感じ」を指す意味になります。"Something feels off." （何かが変）は、嫌な予感がしたり、場の空気が変な時に使える表現です。"off" は感情的に使う場合、必ずネガティブなニュアンスを持つことを覚えておきましょう。

---

heads up　前もって知らせること

フレンドリーに「前もってお知らせする、注意する、ピンチを伝えること」という意味のフレーズです。多くの場合 "Thanks for the heads up." （教えてくれてありがとう）という文で使います。カジュアルな場面だけでなく、ビジネスメールなどでも使えるので使い勝手がいいです。動詞句ではなく名詞句なので注意してくださいね!

---

meds　薬

"medication" や "medicine" （どちらも「薬」を意味する）の略で、こちらの "meds" の方が使われることが多いです。"所有格＋meds" の場合、その人がいつも飲んでいる薬、または処方された薬のことを指します。

---

no big deal　大したことない

"big deal" は大きな問題、重大なことを意味します。"no big deal" は「大きな問題ではない」、つまり「大丈夫、気にしないで」という意味で、カジュアルな場面で使われます。

Mariko: Isn't it unusually cold today? I'm literally freezing.

Jade: Really? I think it's pretty warm.

Mariko: I'm feeling kinda off so I might take a day off tomorrow.

Jade: Thanks for the heads up but are you alright? Did you take your meds?

Mariko: Now that you mention it, I think I forgot. Thanks for the reminder!

Jade: No big deal! Take care of yourself alright?

さらに知っておきたい単語

unusually	普段と違って、異常に
literally	本当に、文字通り、マジで ★
kinda ★	なんだか（"kind of" の略）
take a day off	一日休む

★＝カジュアルな表現、スラング

マリコ： 今日は異常に寒くない？　本当に凍えそう。

ジェイド： そう？　結構暖かいと思うけど。

マリコ： なんだか<u>気分が悪い</u>わ。明日は休むかも。

ジェイド： <u>そうなんだ</u>、でも大丈夫？　いつも飲んでる<u>薬</u>は飲んだの？

マリコ： そういえば、忘れてたわ。思い出させてくれてありがとう。

ジェイド： <u>大したことじゃないわ！</u>　お大事にね？

alright ★	大丈夫（"all right" の略）
the reminder	思い出させること・人、リマインダー
Take care of yourself alright?	お大事にね？

★＝カジュアルな表現、スラング

Can't say that I have

〜したとは言えない

Track No.
06

"I can't say that I have" の最初の "I" を省略した形で、
「〜したとは言えない」という意味のパターンです。
"I" を加えた元の形で使われることもあります。
また、"Can't say that I have." だけで
"No." の代わりとしても使えますよ。

1. 文の一部として使う

Can't say that I have passed the exam.

テストに合格したとは言えません。

→ "can't" の前に "I" を付け加えることも可能です。

2. "No." の代わりに使う

Interviewer: **Have you done any internships?**

（面接官）インターンシップはされましたか？

Interviewee: **Can't say that I have!**

（就活生）したとは言えません！

→ "No, I haven't." より少し軽めで、場合によっては皮肉っぽい言い方として
使われることもあります。

a thing　友だち以上恋人未満の関係

お互い「正式に付き合っている」と認識する前の段階を指すスラングです。また、"have a thing for" で「～に恋心を抱く」という意味にもなります。

---

day after day　来る日も来る日も

「来る日も来る日も」といった意味で、同じことが毎日繰り返されることを言う時に使うフレーズです。

---

get to know　～のことをもっとよく知る

目的語がものやことの場合、そのまま「何かをもっとよく知る」という意味になります。一方で目的語が人の場合は、「知り合いになり、その人のことをもっとよく知る」という意味で使われます。

---

chemistry　相性

元々の意味は「化学」ですが、物質同士の「化学反応」をイメージしてください。化学反応は、物質同士がお互いに作用しあって、まったく異なった物質を作り出しますよね！　人間に対して使う場合には、人間同士がお互いに作用しあって関係を作り出す素質、相性のことを指します。例えば、"Tom and Sara have great chemistry; they always enjoy each other's company and laugh a lot together." は「トムとサラは相性がとてもよい。彼らは互いに一緒にいることを楽しみ、ともにたくさん笑っている」という意味です。

---

spark　お互いに感じる魅力

元々は「火花」を意味する単語ですが、恋愛について話す時には「お互いに魅力を感じていること」を "There is a spark between us." と言います。「君との間に恋の火花を感じる」という意味です。ロマンチック！

Alex: Have you ever thought of us as "a thing"?

Jade: Can't say that I have.

Alex: Really? Because I fantasize about it day after day. The more I get to know you, the more I like you!

Jade: Thanks, but I don't think we know each other enough. We're just friends right now.

Alex: Well, I think we have great chemistry. I feel like there is a spark at least.

Jade: Let's slow down and become good friends first, Alex. You're great and I appreciate your fondness but I need to get to know someone very well first!

さらに知っておきたい単語

think of ～ as ...	～を…とみなす
fantasize	夢想する、空想する
The more ～ , the more ...	～すればするほど、…する
right now	今は

アレックス： 僕たちカップルになれるかもって考えたことはある?

ジェイド： あるとは言えないわ。

アレックス： 本当に?　だって、僕は毎日毎日空想してるんだ。君を知れば知るほど、好きになる!

ジェイド： ありがとう。でもお互いのことまだよく知らないじゃない。今はただの友だちよ。

アレックス： でも、僕たち相性はいいと思うんだ。少なくとも僕はお互い魅力を感じてるんじゃないかと思うよ。

ジェイド： そんな早まらないで、まずはいい友だちになろうよ、アレックス。あなたは素晴らしいし、好意には感謝してるけど、私はまずは相手をよく知りたいんだ!

at least	少なくとも
slow down	落ち着く
appreciate	～をありがたく思う
fondness	好意

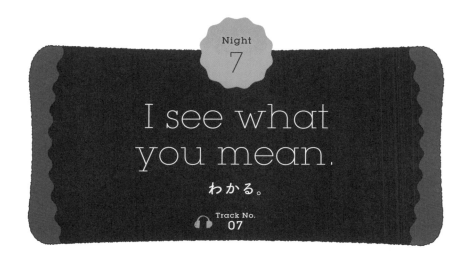

I see what you mean.

わかる。

Track No.
07

言いたいことはわかる、と同感を示す時に使うフレーズです。
この場合の "see" は「～が理解できる」という意味で、
"I see."（なるほど）の "see" もこの意味で使われています。

1. 「わかる」と言う時

A: Don't you think Alex and Jade look kind of alike?

アレックスとジェイドって似ていると思わない？

B: I see what you mean!

わかる！

→ "kind of" は「どちらかと言えば」と副詞的に使われています。

2. ("start to ～"で)「わかってきた」と言う時

I'm starting to see what you mean.

あなたの言いたいことがわかってきました。

→ "start to see what you mean" という形で「（言いたいことが）わかってきた」という意味
でも使えます。

be so over it こりごり

「関わりたくない、もううんざり」という意味です。"I'm so over it." という形で、ネイティブがとても頻繁に使います。

---

spin my wheels 空回りする、時間を無駄にする

直訳は「自分の車輪を回す」という意味で、そこから「空回りする」という意味になりました。特にアメリカで使われるイディオムです。泥の中で車輪が進まずただ回っている状態をイメージすれば、「空回りして時間を無駄にしている」という意味が直感的に覚えられると思います。

---

breathe down my neck 一挙一動を監視してくる

直訳は「首元で息をされる」で、息を感じられるくらい自分のすぐ後ろに誰かがいるイメージから、一挙一動を監視してくることを指すイディオムになりました。いちいち意見を出してきたり、行動を監視してきたりする人に対して、めんどうくさいと思う気持ちを含んだイディオムです。

---

pain in the neck めんどう

直訳は「首の痛み」で、首の痛みのようにしんどい物をイメージした、めんどうくさいものを指すフレーズです。

---

outside the box 既成概念にとらわれずに

日本語では「枠にとらわれずに」と言いますが、英語では「枠」ではなく "the box"（箱）になります。箱から飛び出して、自由に考えるべき時に使う表現です。

Kazuya: Man, I'm so <u>over</u> this job.

Jade: Yeah, I hear you. It's like you're just <u>spinning your wheels</u>, right?

Kazuya: Exactly! Our boss is always <u>breathing down our neck</u>, it's driving me crazy!

Jade: I know right, such a <u>pain in the neck</u>.

Kazuya: Tell me about it. I'm just itching to break free and do something different.

Jade: I see what you mean. Sometimes you gotta think <u>outside the box</u> to shake things up.

さらに知っておきたい単語

I hear you.	わかるよ、そうだね
It's like ★	～みたいな
, right?	～じゃない？
Exactly!	まさにその通り！

★＝カジュアルな表現、スラング

カズヤ: あー、もうこの仕事はこりごりだ。

ジェイド: そうだね。時間を無駄にしているような気分になるよね。

カズヤ: その通り！　いつもしつこく一挙一動を監視してくるし、おかしくなりそうだよ！

ジェイド: そうだよね、めんどくさいよね。

カズヤ: もう本当に。早く自由になって、何か違うことをしたくてウズウズしてるんだ。

ジェイド: 言いたいことはわかるよ。たまには既成概念にとらわれずに物事を考えて、変化を取り入れないとね。

drive me crazy	私をおかしくさせる
Tell me about it.	同感だ
be itching to	〜したくてウズウズする
shake things up	（生活に）変化を取り入れる

I kid you not!

嘘じゃないって!

Track No.
08

「本当なんだってば!」のように自分が言ったことを念押しして、
強調したい場合に使うスラングです。
"kid" は「子ども」という意味もありますが、ここでは
「〜に冗談を言う、からかう」という意味で使われています。
似たような意味のパターンも合わせて覚えましょう!

1. "I kid you not!"

I kid you not, I just saw Brad Pitt walking on the street!

ブラッド・ピットが道を歩いてるところをさっき見かけたんだよ! 冗談じゃないんだってば!

→ "not" の位置が文法にあっていないように見えますが、間違いではありません。

2. "No kidding."

A: Did you know John won the lottery?

ジョンが宝くじに当たったの知ってた?

B: No kidding.

まさか!

→ "No kidding." も同じ意味で使えますが、それ以外に「まさか!」という返答でも使うことができます。

3. "I'm not kidding."

I'm not kidding, I saw a unicorn in the backyard!

嘘じゃないって、裏庭でユニコーンを見たんだってば！

→ "I kid you not." や "No kidding." と同じ意味で "I'm not kidding." を使うこともあります。

be the bomb　とてもいい

"bomb"（爆弾）は一見ネガティブに見えますよね。例えば "The movie was a bomb." と冠詞に a がつくと「その映画は大失敗だった」という意味になります。しかし、冠詞に the がつくと「とてもいい」という真逆の意味のスラングになるんです！　また、特に食べ物がとてもおいしい時に "This is so bomb!" などと形容詞としても使います。

questionable　怪しい、微妙だ

辞書を開くと、"questionable" は「疑わしい」という意味で載っていることが多いです。しかし実際は、もっとカジュアルな意味で使われることの多い単語です。例えば "The success of that project is questionable." は「そのプロジェクトは成功するかどうか微妙だ」という意味になります。

the holy grail　最高のもの

"the holy grail" はキリスト教の聖杯伝説に登場する、とても貴重で手に入れにくい神秘的な杯のことです。現代では「至高の目標」という意味にもなるほか、単に「とても好きなもの」や「最高だと思うもの」に対しても使う人が増えています。

Jade: Have you tried the latest donut at the bakery?

Mariko: No, I haven't! Is it any good?

Jade: It <u>is</u> actually <u>so bomb</u>. You have to try it.

Mariko: Really? Cause you always make me try some <u>questionable</u> food, Jade!

Jade: That was only that one time! I kid you not this time I found <u>the holy grail</u>.

さらに知っておきたい単語

the latest	最新の
donut	ドーナツ
Is it any good?	少しは良いの？　不味くはないの？
actually	本当に

ジェイド: パン屋さんの最新ドーナツ食べた？

マリコ: ううん、食べてないわ！　不味くはないの？

ジェイド: それがめちゃくちゃおいしいの。食べてみてよ。

マリコ: 本当に？　だって、ジェイドは、いつも私に怪しい食べ物を試させるじゃない！

ジェイド: それはあの一度だけじゃん！　冗談抜きで今回は絶品を見つけたんだって。

Really?	本当に？　嘘でしょ？
Cause ★	〜だから（Because の略）
make me try	〜を私に試させる
some	何らかの

★＝カジュアルな表現、スラング

Why don't you (try to) ~?

～したほうがいいと思うよ

🎧 Track No.
09

「～したほうがいいと思うよ」と人にアドバイスや
提案をしたい時に、とてもよく使うフレーズです！
直訳は「どうして～しないのか？」なので、
人を責めているような感じがするかもしれませんが、
多くの場合、そのような責める意図はありません。

1. アドバイスや提案をする

A: Why don't you switch to a different job?

違う仕事に変えてみては？

B: I'm good with my job, no plans to switch.

自分の仕事に満足していて、変える予定はないです。

A: I respect your feelings about your job.

あなたの仕事に対する気持ちを尊重します。

→ "why" ではじまる疑問文なので「"because" で答えなければ！」と思うかもしれません
が、あくまで提案しているだけなので、それ以外で答えても大丈夫。

2. 勧誘をする

Why don't you consider joining the ABC Sports Club?

ABC スポーツクラブに入りませんか？

→ "Why don't you" は、何かに勧誘する時にも使えるフレーズです。

予習単語

fit　魅力的な、コーディネート

インフォーマルな場面で外見が魅力的という意味で使う褒め言葉ですが、他にも "outfit"（コーデ）の略としても使われます。例えば "fit check" は「今日のコーデ披露」という意味になります。

cute　素敵だね

女性からキュートと言われたら、本当に褒めてるの？と思う男性が多いと思いますが、実は英語では男性相手に使う "cute" はとってもポジティブな意味です！　英語圏では性格や外見含めて、相手が魅力的だった時に "cute" を使います。

ask ～ out　～をデートに誘う

誰かをデートに誘うことを意味しています。元々 "ask" には「招待する」という意味があり、この熟語もここから派生したものです。

wallflower　控えめな人

元々はダンスパーティーで誰にも相手にされずに独りぼっちで壁際にいる人を指していましたが、最近は「引っこみ思案の人」という意味合いで使われることが多いです。"The Perks of Being a Wallflower"「ウォールフラワー」は内気な少年が主人公の、アメリカの青春映画ですね！

Mariko: Did you see Jacob's new Instagram post?

Jade: No, I haven't! What's up?

Mariko: Well, he just looks so fit, I swear I would marry him instantly if he asked me to! Here, let me show you his post.

Jade: He's so cute! Why don't you try to ask him out?

Mariko: I would love to but you know how much of a wallflower I am!

さらに知っておきたい単語

post	投稿
What's up?	どうしたの？
I swear	冗談抜きで ★
marry	〜と結婚する

★＝カジュアルな表現、スラング

マリコ: ジェイコブの新しいインスタの投稿見た?

ジェイド: ううん、見てない! どうしたの?

マリコ: いや、ジェイコブがカッコ良すぎて、冗談抜きで、プロ
ポーズされたら即座に結婚するわ! ほら、投稿見せ
るね。

ジェイド: とてもイケメンだね! デートに誘ってみたら?

マリコ: そうしたいけど、でも私全然冴えないし!

instantly	即座に
let me show you	～を見せるね
I would love to	～したい
how much of	どれくらいの

What's ASMR?

ASMRって、何？

この本のリスニング音声はASMR音声で収録しています。
ところで、ASMRとはそもそも何なのでしょうか。

ASMRとは

 Autonomous Sensory Meridian Response

の略です。（この本に載っている英語で一番難しいかもしれません
ね……。）日本語では「自律感覚絶頂反応」と言います。聴覚に
よって感じ取られた、何らかの刺激によって得られる心地のよい
感覚・反応のことです。

包丁で食材を切る時に出る音などの生活音を、高性能なマイクを
使って細部まで聞こえるように収録したものを指すことが多いで
す。聞いていると不思議な心地よさから、安心感を覚えたり、リ
ラックスできたりすると、若い人の間で広まっています。特に不安
を抱えたり、精神的に不調を感じたりしている人が、リラックスし
て眠りにつけるよう、寝る前に聞くことが多いようです。

近年では、**YouTube**などの動画プラットフォーム上で**ASMR**音
声を使った動画をアップする人も増えていて、そうした投稿者を
ASMRist（ASMR +「〜する人」を表す ist）や**ASMRtist**（ASMR +
「芸術家」を表す artist）と呼びます。（私も**ASMRtist**ですよ！）

Chapter

2

あいさつ代わりに
使える
パターン

英語のあいさつは "Hello. How are you?"
だけではありません。親しい人から久しぶりに会う人まで、
幅広く使えるあいさつをまとめました。

What's up?

どうしたの?

Track No.
10

「何してるの?」や「最近どう?」という意味です。
注意したいのは、"How are you?" と聞かれた時のように
"I'm good!" や "I'm doing great." と、現在の様子を答えることが
できない点です。あくまで「最近何をしているのか」を
聞いているので、次のような返答を行いましょう。

1. 何もしていない時

Nothing.

特に何もしてないよ。

Not much.

特に何も。

→ 特定の何かをしているわけではなく、ただダラダラしている時に使えます。

2. のんびりしている時

I'm just chillin'.

リラックスしてるよ・のんびりしてるよ。

→ これもダラダラ、のんびりしている時に使えます。

3. 素敵な一日を過ごしている時

Having a great day!

いい一日を過ごしている最中だよ。

→ ポジティブで素敵な返答です。積極的に使っていきたいですね!

4. 作業をしている時

Just doing some work.

ちょっと作業をしているところ。

→ 作業中で手が離せない時に使いましょう。

予習単語

Care to join?　一緒に行かない?

"Would you care to join?" の略で、何かに誘う表現です。「参加するよね?　え、しないの?」といったプレッシャーや義務感なしに誘いたい時に使われます。例えば、"We're going to the movies tonight. Care to join?"(今夜映画に行きます。一緒に行きませんか?)のように使います。

I'm in.　参加するよ

直訳すると「私は入る」ですが、活動や提案された計画に参加する意思があることを示すのによく使われます。参加したくない時は、反対に "I'm out." を使いましょう。

Meet you in 5.　5分後に着くよ

このフレーズは、指定された場所に何分後に到着するかを示すカジュアルな表現です。一般的に、誰かとすぐに会う約束をする時には "minutes"(分)は省かれて使われます。

今夜の例文

Kazuya: Hey Jade, what's up?

Jade: Not much, how about you?

Kazuya: I'm at the skatepark with my gang, care to join?

Jade: I'm in!

Kazuya: Awesome! Would you mind grabbing some water while you're on the way?

Jade: For sure! Meet you in 5.

Kazuya: Thanks, mate! You always got my back.

Jade: Of course, bro!

+ さらに知っておきたい単語

Not much. ★	特に何も
skatepark	スケート場、スケートボード場
gang	仲間たち、友だち ★
awesome ★	いいね、最高

★＝カジュアルな表現、スラング

カズヤ：　　よう、ジェイド、今何してる？

ジェイド：　特に何もしてないよ、カズヤは？

カズヤ：　　仲間たちとスケートパークにいるんだ。来る？

ジェイド：　行く行く！

カズヤ：　　やった！　ついでに水も買ってきてくれる？

ジェイド：　もちろん！　5分後に会おう。

カズヤ：　　ありがとう！　いつも助かっているよ。

ジェイド：　当たり前じゃん！

grab	～を買って持って行く ★
on the way	来る途中、道中
For sure. ★	もちろん
You always got my back.	いつもサポートをありがとう

★=カジュアルな表現、スラング

How's everything going?

調子はどう?

Track No.
11

"How are you?" に似ていますが、相手の具合や気分、
仕事の調子など、より具体的な答えを聞く時に使います。
返答が、次のように、相手との関係によって
変わってくるので注意!

1. 仲がいい人への答え方

All good, work has been a bit challenging lately though!

順調! 仕事が最近少し大変だけどね。

Thanks for asking, I'm just taking it one day at a time!

聞いてくれてありがとう。毎日一歩ずつ頑張っているよ。

→ 仲がいい人と話している場合は、上記のように少し具体的に答えることが多いです。「聞い
  てくれてありがとう」という感謝の気持ちを忘れずに伝えましょう。

2. 知り合って間もない人への答え方

Good, how about you?

いい感じ。あなたは?

→ まだ知り合って間もない人だと、上記のように軽く回答することが多いです。

do the dishes   皿洗いをする

英語では「皿洗いをする」を "wash the plates" ではなく、"do the dishes" と言います。このことは、日本の学校でも教えられることなので、知っている人も多いかもしれませんね。ただこのフレーズは、食器を洗い、乾かし、片付ける全体的な作業のことを指します。単に「食器を洗う」部分だけを指すのであれば "wash the dishes" になります。

Time is ticking.   時間が迫っている

この表現は、期限や重要な出来事が近づいていることを強調するために使われます。手遅れになる前に素早く行動したり、仕事を完了したりしなければならないという切迫感やプレッシャーを意味することが多いです。"tick" は「カチカチと音を立てる、時を刻む」という意味の動詞です。

Jeez   うわあ!

"Jeez" は、驚き、苛立ち、腹立たしさ、不信感を表現するために使われるカジュアルな感嘆詞です。"Jesus" の短縮形で、カジュアルな会話でよく使われます。例えば、誰かがうっかり飲み物をこぼしてしまった時、"Jeez!" と言えば軽い不満やイライラを表現することができます。

Actions speak louder than words.
行動で示しなさい

直訳の「行動は言葉より大声で話す」は少し不自然ですが、意味合いとしては、「言葉ではなく行いで示しなさい」という意味です。日本語の「言うは易く行うは難し」ということわざに似ていますね。

今夜の例文

Boss: Hey Kazuya, how's everything going?

Kazuya: It's going well, thanks.

Boss: Oh are you sure? Because the floor is dirty, the dishes are only half done and my cup of tea is still not made. Time is ticking, Kazuya!

Kazuya: I'm doing my best over here boss, jeez, sorry. (Man, I'm so over this job...)

Boss: Your apologies won't clean the floor, Kazuya. Actions speak louder than words.

Kazuya: Understood, boss. Sigh.

さらに知っておきたい単語

go well	うまくいく
Are you sure?	本当に？　本気で言ってる？
do my best	最大限頑張る
so over ★	～はこりごりだ

★＝カジュアルな表現、スラング

上司:　　やあカズヤ、調子はどう?

カズヤ:　順調です、どうも。

上司:　　あら本当にそう思ってるの?　だって床は汚いし、食器は半分しか片付いてないし、私のお茶もまだ入れてないじゃない。早くして、カズヤ!

カズヤ:　うわぁ、すみません、でもこっちだって頑張ってるんです。(もうこの仕事はこりごりだ。)

上司:　　謝ったって床がきれいになるわけじゃないわ。行動で示しなさい。

カズヤ:　了解です。はぁ。

apology	謝罪
action	行動
Understood.	了解です
sigh	はぁ、ため息

How's ~ treating you?

～はどうだった?

Track No.
12

直訳は「〜はあなたをどう扱っている?」で、
「〜はどうだった?」と、あいさつや、感想を尋ねる時に
使える表現です。
〜の部分に "work"（仕事）や "the day"（一日）などを入れて
使いましょう!

1. 調子を尋ねる

How's life treating you?

調子はどうですか?

→ "life" や "the world" を入れることで「調子はどうですか?」というあいさつになります。

2. 感想を尋ねる

How's Japan treating you?

日本はどうですか?

→ 〜の部分に "Japan"（日本）を入れることで、海外から来た人に「日本はどうですか?」と聞くこともできます。

3. 答え方のコツ

A: How's the day treating you?

今日はどうだった？

B: It's treating me alright so far, could be better though!

今のところ大丈夫だけど、もっと良くなればいいなあ！

→ 注意点は「答える時は "It's treating me" ではじめる」ということ。"How's the day treating you?" で尋ねられているのは "you"（あなた）ではなく、あくまで "the day"（一日）なので、答える時も主語は "It"（それ）になります。

予習単語

keep me on my toes　油断できない、用心する

"keep me on my toes" は直訳で「私に爪先立ちをさせ続ける」という意味です。爪先立ちをしている時のように、予期せぬ状況や変化に素早く対応できるよう、常に用心している様子を意味します。

hectic　多忙な、バタバタしている

"busy" よりも数倍忙しく、混沌とした状況を表す言葉です。注意点は「忙しい」という意味で使う時は人を主語にしないこと。"I'm hectic." のように、人を主語にすると「興奮している」という意味に変わってしまいます。"today" や "my schedule" を主語にして表現しましょう。

make progress　進歩する

誰かの努力や取り組みが進歩していることを示します。"You're making (good) progress!"（上達してるよ）はよく使われる褒め言葉です。

Jade: How's work treating you lately, Mariko?

Mariko: It's alright, work is keeping me on my toes, but I enjoy the challenges. How about you?

Jade: I guess it's fine. It's a bit hectic, but I'm making progress.

Mariko: That sounds intense. Have you had a chance to blow off steam?

Jade: Not really, but I'm trying to carve out some time for myself on the weekends.

さらに知っておきたい単語

lately	最近
I guess	〜じゃないかな ★
a bit	少し
intense	大変な、ハードな ★

★=カジュアルな表現、スラング

ジェイド： マリコ、最近仕事はどう？

マリコ： 大丈夫よ、仕事には追われているけど、難しいことに挑戦するのは楽しいわ。ジェイドはどう？

ジェイド： まあまあかな。ちょっと慌ただしいけど、進歩はしているわ。

マリコ： ハードそうね。少しは息抜きできそうなの？

ジェイド： あんまり。でも、週末は自分のためになんとか時間を作り出そうとしているんだ。

have a chance to	～する機会がある
blow off steam	息抜きする
not really	（noの代わりに）いいえ、あんまり
carve out time	時間を捻出する

How have you been?

どうしてた？

Track No.
13

「ここ最近はどうだった？」と、久しぶりに会って近況を
聞く時に使うフレーズです。"How are you?" が「今の状態」を
聞くのに対し、今に限らず「ここ最近も含めてどうだった？」と
聞くことができます。答え方のパターンをいくつか
見ていきましょう。

1. "I've been 〜" で答える

I've been doing pretty well!

元気にしてたよ！

→ 一番丁寧な答え方です。"been" の後は、形容詞や現在分詞が使えます。

2. "Been 〜" で答える

Been keeping busy, but good overall.

ずっと忙しかったけど、全体的にいい感じだったよ。

→ "I've" を省略する形で、端的に答えられます。

3. 形容詞や現在分詞だけで答える

Pretty good, can't complain.

とてもよかった、不満が出ないね。

→ "I've been" ごと省略してしまう形でも答えられます。

予習単語

in ages　長い間

"in ages" や "for ages" は「長期間」を意味する熟語です。この意味の時は、 2つは入れ替えが可能で、過去に起こったある一時点から今までのことを指しています。また、"In ages." だけで「久しぶり」という意味でも使えます。一方、ある期間にわたって繰り返し行われる活動に対しては、"for ages" しか使うことができません。例えば、「彼は何年も前から定期的にジムに通っている」を "He has been going to the gym in ages." と言うことはできません。

break-up　別れ、破局

本来は「ボロボロになること、壊れること」という意味を持つ単語ですが、人間関係に関しての話では恋愛関係のほか、友情やビジネスなどの関係が終わることを指します。

The universe is testing me.　臥薪嘗胆

つらい出来事が起きた時や、大変な状況が続く時、英語圏の人は "The universe is testing me." (宇宙に今試されているわ) と言うことがあります。そう考えることで「今が頑張り時なんだわ」と自分に言い聞かせているのです。特にスピリチュアルな人はこのフレーズを使い、宇宙は私に困難な状況を成長の機会として与えてくれているとポジティブに考えます!

Jade: How have you been, Mariko? We haven't seen each other in ages!

Mariko: I've been amazing. What about you?

Jade: I don't know, with my break-up going on and everything, I feel like there's just been too many challenges. I guess the universe is testing me.

Mariko: I'm sorry to hear that, Jade. How have you been handling everything?

Jade: It's been a rollercoaster of emotions, but I'm trying to stay grounded and focus on self-care.

Mariko: That's important. Don't forget to put yourself first.

さらに知っておきたい単語

challenge	困難、つらいこと
I'm sorry to hear that	それは可哀想に、残念だ
handle	～に対処する
rollercoaster	ジェットコースター

ジェイド: マリコ、最近はどうだった？ <u>長い間会ってなかった</u>ね！

マリコ: とても元気よ。ジェイドは？

ジェイド: どうだろう、<u>別れたり色々あったりして</u>、不幸なことが多すぎる気がする。<u>宇宙が私を試しているみたい。</u>

マリコ: それは残念ね、ジェイド。どう対処してるの？

ジェイド: 感情がジェットコースターみたいだったけど、落ち着いて自分を守ることに集中しているんだ。

マリコ: それは大事だよね。自分を第一に考えることを忘れずにね。

grounded	落ち着いて、家に閉じこもって
focus on	～に集中する
Don't forget	～を忘れないで
put yourself first	自分を第一に考える

How are you holding up?

調子はどう?

Track No.
14

"How are you?" は「礼儀としてのあいさつ」というニュアンスが
ありますが、"How are you holding up?"（調子はどう?）は、
相手が大変な状況にあることが明らかで、気にかけている
ということを相手に伝える表現です。いくつかのシーンから、
使い方を学びましょう。

1. 仕事で忙しそうな時

A: How are you holding up?

調子はどう?

B: To be honest, I'm drowning in work.

正直、仕事で溺れ死にそう。

A: I totally get that feeling. Want some help?

その気持ちとてもわかるよ。助けられることはある?

→ 相手が仕事で忙しそうな時に使いましょう。（忙しそうな時は話しかけない方がいいか
もしれませんが……）

2. 相手に不幸なことがあった時

A: How are you holding up?

調子はどう?

B: Honestly, not great. My dog's been sick.

正直あんまり。犬が病気になっちゃって。

　→ 心配事や不幸なことがあった時に、相手を気にかける場合にも使えます。

3. 相手が恋愛でうまくいっていない時

A: How are you holding up?

調子はどう?

B: Not too good, honestly. Just had a break-up.

全然よくない、正直。この間別れた。

　→ 相手が恋愛でうまくいっていない、失恋したらしいという場合にも使えます。

予習単語

vent　愚痴を言う

元々は「風を通す」「通風孔」という意味を持つ単語ですが、最近は「感情やストレスを発散するために愚痴を言う」という意味でよく使われるようになりました(確かに愚痴を言うことは心の風通しをよくしているのかも……)。欧米では愚痴を言うことが精神の健康のために大事なこととされることも多いです。

bestie　親友

親しみをこめて親友を呼ぶ時に使われるスラングです。"best friend" の短縮形で、親密さ、仲間意識、愛情を表現するために主に女性同士の親しい友人の間でよく使われます。

今夜の例文

Mariko: How are you holding up, honestly?

Jade: I've been out of it lately to say the least.

Mariko: I can sense something's been bothering you. Do you want to talk about it?

Jade: It's been a tough few weeks, Mariko. I'm just feeling drained.

Mariko: If you want to just vent or need some company, you know I'm always here for you! You can always come to me.

Jade: Thanks so much, Mariko. You're my bestie.

さらに知っておきたい単語

honestly	正直に
to say the least	控えめに言って
can sense	～ということが伝わってくる
bother	～を困らせる

マリコ： <u>正直</u>、精神的に最近どう？

ジェイド： 控えめに言っても、最近元気がないんだ。

マリコ： 何かで困っているのは伝わってくるよ。話したい？

ジェイド： マリコ、数週間ずっとつらくて。私疲れちゃった。

マリコ： もしただ愚痴が<u>言い</u>たいだけの時も、話し相手が必要な時も、ジェイドの味方だから！　いつでも呼んでね。

ジェイド： 本当にありがとう、マリコ。あなたは私の<u>親友</u>よ。

drained	疲れ切った、消耗した
need some company	誰かと一緒にいたい、話し相手が必要だ
I am always here for you.	いつもそばにいるよ、味方だよ
You can always come to me.	いつでも頼ってね、呼んでね

Good to see you.
また会えて嬉しい!

Track No.
15

"It's good to see you." の "It's" を省略したフレーズで、
省略せずに "It's" を付けて使うこともあります。
会えて嬉しい!と久しぶりに会った人にあいさつとして使える
表現です。一見すると "Nice to meet you." に似ていますが、
使うタイミングは異なるので注意! 次の例文で違いを
学びましょう。

1. "good to see you"

It's so good to see you! I missed you so much.

会えて嬉しいわ! 寂しかった!

→ "Nice to meet you." は初対面の人に、"Good to see you." は以前会ったことのある人に
使います。

2. "nice to see you"

Nice to see you again! Did you enjoy your vacation?

久しぶり! 休暇は楽しめた?

→ "Nice to see you." も、以前会ったことのある人に使う表現です。気づいたかもしれません
が、meetは「(初対面の人)に会う」、seeは「(以前会ったことのある人)に会う」というよ
うに、使い方に違いがあります。

What's cookin'? 最近どう?

相手の近況を尋ねるカジュアルでくだけた言い方です。フレンドリーなあいさつや会話のきっかけとしてよく使われます。直訳すると「何を料理しているの?」ですが、必ずしも料理のことを指しているわけではなく、"What's happening?" や "What's new?" と同じ意味の比喩的な表現です。

---

the usual grind ルーティンワーク

"the usual grind" は、日ごろのルーティンになっている仕事や勉強を指すスラングです。"grind" はすりつぶすことを意味していて、日々のタスクで時間がすりつぶされている様子をイメージして覚えてください。

---

same old これまで通りの、相変わらずの

"same old" は話し言葉でよく使われる表現で、時間が経っても変わらないことや一貫していることを表すのに使われ、単調さを意味することが多いです。一般的には、慣れ親しんでいて変化のない状況や日常を指すのに使われます。

---

catch up 近況報告をする

本来は「追いつく」という意味で、「(置いて行かれないよう) 最新情報を取り入れる」という意味になり、お互いの最新情報を取り入れる=「近況報告をする」になりました。例えば、誰かが "We should catch up sometime." と言ったら、「そのうち近況報告でもしようね」と提案しているという意味になります。

今夜の例文

Kazuya: Hey, buddy! Long time no see. What's cookin'?

Tom: Not much, just the usual grind. How about you?

Kazuya: Same old, same old. But hey, it's so good to see your face again!

Tom: Seriously, it's so good to see you, dude. Let's grab a coffee sometime and catch up properly.

Kazuya: That sounds fantastic. There's this new café downtown we could try.

Tom: Great shout! I'm always up for exploring new spots. Let's make it happen.

さらに知っておきたい単語

Long time no see.	久しぶり
seriously	本当に
grab a coffee ★	コーヒーを飲みに行く
That sounds fantastic. ★	いいね

★ =カジュアルな表現、スラング

カズヤ: やあ、相棒！　久しぶりだな。<u>最近どう？</u>

トム: 特には、<u>いつも通り</u>だよ。お前は？

カズヤ: <u>相変わらずだよ</u>。でも、また会えて嬉しいよ！

トム: 本当に、会えて嬉しいよ。今度コーヒーでも飲んで、しっかり話そうよ。

カズヤ: いいね！　繁華街に新しいカフェができたんだけど、試してみない？

トム: いいアイデア！　新しいスポットを探したかったんだよね。行こう！

we could	〜しない？（提案）
Great shout! ★	いいアイデアだね
explore	〜を探す
Let's make it happen. ★	実現させよう、やってみよう

★=カジュアルな表現、スラング

Trigger

トリガー

ASMRで「心地よい」と感じる音声のことを「トリガー trigger」
と言います。"trigger" の本来の意味は「引き金」で、
何かのきっかけを表す言葉です。代表的なトリガーを見てみましょう。

whispering ささやき声	ASMRと言えばこれ！と思う人も多いかも。静かな優しい声はリラックスさせられます。この本の音声も"whispering"ですね！
tingle ぞわぞわ音	本来は「ひりひりする、チクチク痛む」という意味ですが、ASMRでは「ゾワゾワする感覚」を指す単語として使われます。
typing キーボードタイピング	キーボードは軸によって音に違いがあります。聞き分けて楽しみましょう。
eating 食べる音	韓国語で「食事動画」を指す、「モッパン」(Mukbang)と呼ぶこともあります。
turning pages ページをめくる音	「カサッ」「サラッ」といった、紙がこすれる音が気持ちいいですね。読書の秋に聞きたいASMRかも。
finger tapping 指で叩く音	「トントン」「コンコン」という音が、意外に安心感を与えてくれるんですよ！　指のほかに、爪で叩く音もよく使われます。
onomatopoeia オノマトペ	「サクサク」「サラサラ」などの擬音語を話す動画も多いです。実際の生活音とは違った、独特の癒し感があります。
ear cleaning 耳かきの音	耳型のマイクを使って、耳かきの音を再現します。収録が結構大がかりになります！
plucking つまみ取る動作	ASMRには、ストレスや不安を「つまみ取る動画」があります。こうした、目で見て感じるものをビジュアルトリガーと言います。

Chapter

3

思いや考えが
伝わる
パターン

言葉は何かを伝えるためにあります。
英語で思いや考えが伝わると、
学習がもっと楽しくなりますよ！

be itching to
〜したくてウズウズする

Track No.
16

itch は「かゆい」「むずがゆい」という意味の動詞です
（日本語とは違って、形容詞でないことに注意してください）。
"be itching to" は「〜したくてむずがゆい、
しょうがない」という意味です。
かゆいのにかけない……　そんなウズウズする状況を
思い浮かべながら使いましょう！

1. "be itching to"

I'm itching to hear back from my job interview.

面接の結果が聞きたくてウズウズする。

→ 基本の使い方で、"to" の後ろには動詞が来ます。"hear back from" は「〜から返事をもら
う、（面接など）のフィードバックをもらう」という意味。

2. "have an itch for"

I have an itch for a wild night out.

夜遊びがしたくてムズムズする

→ "be itching" を "have an itch" にしたり、to不定詞の代わりに "for" を使うことで「〜がほ
しくてウズウズする」と名詞をを持って来ることもできます。

How was ~?　～はどうだった？

普通の疑問文ではありますが、あいさつや会話のきっかけとして色々な意味で使える万能パターンです。例えば "How was your interview?"（面接どうだった？）や "How was the concert yesterday?"（昨日のコンサートどうだった？）のように、直近の会話で話題になったことのその後を聞くこともできます。また "How was your day?"（今日はどんな一日だった？）は朝に一度出会った人に、夜にもう一度会った場合などに使えるあいさつのフレーズです。

---

literally　本当に、マジで

本来は「文字通りに」を意味する "literally" ですが、スラングでは「マジで・ガチで」と発言を強調するために使われます。最近では「カリフォルニア女子は "literally" と "totally"（"literally" と同様にスラングでは「マジで」という意味）だけで会話する」というステレオタイプがあります。

No way.　本当に？

直訳すると「道・方法がない」ですが、不信感や驚き、強い反対意見を表すために使われるカジュアルな表現です。驚いた時や予想外の情報に対して反応する時によく使われます。例えば、誰かが宝くじが当たったと言った場合、"No way!" と答えると、「本当に!?」と驚きを表現できます。

---

vanilla　ありきたりな、つまらない

アイスクリームの「バニラ味」の "vanilla" ですが、スラングの文脈では、平凡なもの、慣習的なものを表す形容詞としてよく使われます。

Mariko: How was your date yesterday?

Jade: I was itching to tell you! It was literally the most boring date ever.

Mariko: No way! What made it so boring?

Jade: Well, I kept trying to make conversations but the guy was so vanilla, he literally had nothing interesting to talk about.

Mariko: That's disappointing. Did you manage to find anything in common at all?

Jade: Honestly, we tried discussing various topics, but it felt like talking to a wall.

さらに知っておきたい単語

date	デート
boring	退屈な
What makes it 〜 ?	どうして〜なの？
keep trying to	〜しようとし続ける

マリコ： 昨日のデートはどうだった？

ジェイド： 話したくてウズウズしてたの！　マジで今までで一番退屈なデートだったわ。

マリコ： まさか！　何がそんなにつまらなかったの？

ジェイド： 私が何度も会話を始めようとしたんだけど、めっちゃつまらない人で、面白い話がまったくできない人だったの。

マリコ： それは残念だね。何か共通点がないか見つけようとはしたの？

ジェイド： 本当に、色々な話題で話し合ってはみたんだけど、壁に話しかけているみたいだった。

make conversations	会話する
disappointing	残念だ
manage to	～しようとする
in common	共通の

I'm dying to
〜したくてたまらない

Track No.
17

"dying" は "die"（死ぬ）の現在分詞形。「死ぬほど〜したい！」
→「とにかく〜したくてたまらない！」と、とても強い願望を
表すくだけた言い方です。似た表現も合わせて覚えましょう！

1. "I'm dying to"

I'm dying to hear the new album by Taylor Swift!

テイラー・スウィフトの新しいアルバムが聴きたくてたまらないわ！

→ "to" の後ろには動詞の原形が入ります。

2. "I'm dying for"

I'm dying for a vacation on a tropical island.

南の島での休暇が欲しくてたまらない。

→ "to" の代わりに "for" を置くことで、「〜が死ぬほど欲しい！」という使い方もできます。

3. "I died 〜ing"

I died laughing.

笑い死にそうになった。

→「笑いすぎて死にそう」など、「〜して死にそう」の場合は、to不定詞ではなくing形を使います。

flick　映画

"flick" は スラングで、"movie" または "film" の代わりに使われます。Netflixの flix は "flicks" のことです。

---

drop　発売される、公開される

新しい映画や音楽などが、正式に発売されたり、入手可能になったりすることを表すのによく使われます。例えば "Their new album drops next week." は「彼らの新しいアルバムが来週発売される」という意味です。

---

off the chain　とてもいい

「非常にいい、刺激的、感動的」という意味のスラングです。例えば、"That concert was off the chain!" は「あのコンサートは素晴らしく、信じられないほど楽しかった!」という意味です。

---

grab　〜を手に入れる、食べる

インフォーマルな場面で「労力や時間をかけず、気軽に何かを手に入れること」を意味する表現です。例えば、"Let's grab something to eat." は「さっと何か食べよう」という意味です。

---

blast　とても楽しい時間

スラングで "blast" は非常に楽しくスリルがある経験を意味します。例えば、"We had a blast at the concert last night." は、「昨夜はコンサートを満喫し、楽しい時間を過ごした」という意味です。

今夜の例文

Jade: By the way, have you seen the new action flick that just dropped?

Kazuya: No, not yet. But I'm dying to see it! Heard it's off the chain.

Jade: Yeah, it's got crazy stunts and killer special effects. We should catch it together sometime.

Kazuya: Absolutely! Let's grab some sushi and then hit the theater. It'll be a blast!

Jade: I'll meet you outside the sushi place around 6?

Kazuya: Sounds like a plan. I'll see you then!

さらに知っておきたい単語

by the way	ところで
see	（映画館で映画）を見る
No, not yet.	いや、まだだよ
killer	かっこいい

ジェイド: ところで、最近公開された新しいアクション映画見た？

カズヤ: いや、まだ。でもどうしても見たいんだ！　すごいらしいよ。

ジェイド: うん、クレイジーなスタントとすごくかっこいいCGがあるんだって。一緒に見にいこうよ。

カズヤ: そうだね！　一緒に一旦お寿司を食べてから劇場に行こう。きっと楽しいよ。

ジェイド: 寿司屋の外で、　6時ごろ集合でいい？

カズヤ: いいね、そうしよう。それじゃまたその時に！

special effects	特殊効果、SFX
catch	（映画）を見に行く
hit	～に行く
Sounds like a plan.	（予定に対して）いいね、面白そう

should have

〜すればよかった

🎧 Track No.
18

過去に対しての後悔を示す表現です。「〜すればよかった」と
言っているので、実際にはしていないというのもポイントです。
（問題文中に"I should have told her."→「問：彼は彼女に言った？」
→「答：言っていない」という問題が大学入試でよく出ます）

1. 後悔する

A: How did your test go?

テストはどうだった？

B: I bombed the test. I should have studied more!

テストは大失敗。もっと勉強しておけばよかった！

A: Well, you couldn't have known that it would be so
difficult. Better luck next time!

まあ、こんなに難しくなるとは思わなかったよね。次はもっとうまくいくよ！

→ 主語がIの場合、「〜しておけばよかった」と後悔する時に使います。

2. 批判する

A: Sam fell for another dubious get-rich-quick scheme.

サムがまた怪しいもうけ話にひっかかったんだって。

B: He should have checked the contract before signing it.

彼はサインする前に契約書を確認するべきだった。

→ 主語がI以外の場合、その人の行動を批判する時に使います。

essential 絶対に必要な

「絶対に必要な、なくてはならない」という意味。特定の目的や状況にとって極めて重要なもの、不可欠なものを指します。

That sounds like a plan. いいね!

このフレーズは、誰かが提案した予定に「いいね!」と同意を表すのに使われます。例えば、誰かが映画に行くことを提案した時、"Sounds like a plan!" と答えると、「いいね! そうしよう!」という意味になります。

procrastinate 先延ばしする

なまけてしまったりグズグズしたりして、すぐに取り組むべき仕事や勉強を遅らせたり先延ばしにしたりすることを意味します。語中に含まれている "cras" は、ラテン語で「明日」を意味しており、「翌日まで延期する」→「先延ばしする」になりました。

Lily: Say, Mariko, have you completed the report for the meeting tomorrow?

Mariko: Unfortunately, I haven't.

Lily: I see. Well, it's essential that we have it ready for the meeting. Perhaps we can work on it together?

Mariko: That sounds like a plan. I appreciate your willingness to assist. I should have prioritized it sooner, but I'm grateful for the opportunity to collaborate.

Lily: Of course, Mariko. We're a team, and we'll get it done together. Let's aim to have it completed by the end of the day.

Mariko: Agreed. I'll make sure to focus and not procrastinate any further.

さらに知っておきたい単語

Say, ★	あのさ、ねえ
have ~ ready for ...	…に向けて〜の準備を終えている
perhaps	（提案する時に）よかったら
I appreciate your willingness to	〜していただきありがとうございます

★＝カジュアルな表現、スラング

リリー： ねえ、マリコ、明日の会議の報告書はできた？

マリコ： 残念ながら、まだです。

リリー： そうですか。会議に間に合わせることが<u>重要</u>ですから、一緒に作業しましょうか。

マリコ： それは<u>ありがたいです</u>。サポートしていただいてありがとうございます。もっと早くそれを優先する<u>べきでした</u>が、協力してくださる機会をいただけて感謝しています。

リリー： もちろんよ、マリコ。私たちはチームですから、一緒にやり遂げましょう。今日中に完成させることを目標にしましょう。

マリコ： そうですね。集中し、これ以上<u>先延ばし</u>にしないようにします。

I'm grateful for the opportunity to	～する機会をいただきありがとうございます
get ～ done	（仕事）を済ませる、片付ける
aim to	～することを目指す
have ～ completed	～を完了する

Fair enough.

そういうことならわかった。

本来の意味は「十分に正当だ」で、「あなたの言っていることは
正当だと思う、理解できる」ということを指す表現です。
ただ、譲歩の表現にもなるので要注意。
次の文を読んで、使い分けができるように練習しましょう!

1. 相手の意見に賛成する

A: What food do you wanna eat tonight?

今夜何食べたい?

B: I feel like eating Chinese food.

中華料理が食べたい気分。

A: Let's do Mexican since we had Chinese yesterday.

中華は昨日食べたから、今夜はメキシコ料理にしようよ。

B: Fair enough!

了解!

→ 最初は違う意見だったけれど、相手の主張を聞いて「なるほど、それならわかった」と
賛成する時に使うフレーズです。

2. いったん譲歩する

A: I think we should leave for the airport by 6 am.

朝6時までに空港に向けて出発しなきゃ。

B: Fair enough, but that means we have to wake up early.

なるほど、でもそれって早起きしなきゃいけないってことだよね。

→ 「あなたの言いたいことはわかった、でも～」と反対の意見を主張する前のワンクッションとしても使えます。

予習単語

I think it's only fair.　それが公平だよ

合理的あるいは道徳的に正しい、公平だと言いたい時に使います。例えば、誰かが友人同士で会計を均等に分けることを提案した場合、"I think it's only fair." と答えると、「割り勘するのが公平で適切だと思う」という意味になります。

urgent personal matters　緊急な用事

家族の緊急事態や健康問題など、「緊急な用事だけれど詳細は言いたくない」という時に使える言葉です。

help out　（人）を手助けする

"help" と "help out" はどちらも他人を助けることを意味しますが、"help out" は特に「困っている人に」手を貸したり、援助したりして、問題を解決することを指します。
"help" は to不定詞を取って「～するのを助ける」と使えますが、"help out" には to不定詞は使えません。

Kazuya: Hey, Jade! I know we both want to leave early today, but someone has to do the closing shift.

Jade: Yeah, I know, Kazuya. But I covered the closing shift last week, so I think it's only fair if you do it this time.

Kazuya: Fair enough, Jade. But I have some urgent personal matters to attend to after work today. It would really help me out if you could do the closing shift.

Jade: Ugh. I'll do it for you this time, but we're both working for the same wage, so next time, don't ask me that again.

さらに知っておきたい単語

we both	僕たち二人とも
closing shift	閉店当番
cover a shift	シフトをこなす
this time	今回は

カズヤ: ねぇ、ジェイド！ 今日は俺たち二人とも早く帰りたいと思うんだけど、誰かが閉店のシフトをやらなくちゃいけないよね。

ジェイド: うん、そうだね、カズヤ。でも、先週は私が閉店当番をやったから、今回はカズヤがやるのがフェアだと思う。

カズヤ: まぁそうだな、ジェイド。でも、今日は仕事が終わってから急ぎの用事があるんだ。閉店のシフトをやってくれると本当に助かるんだけど。

ジェイド: はぁ。じゃあ今回はしてあげるけど、私たち同じ時給で働いてるんだから、今度からそういうのもうやめてよね。

attend to	~に応対する、~の世話をする
Ugh. ★	はあ
wage	賃金
ask ~ ...	~に…を頼む、お願いする

★ =カジュアルな表現、スラング

be up for

～のつもりはある

Track No.
20

「～の候補になる」「～の罪で出廷する」「～の期限が来る」と
色々な意味を持つイディオムですが、カジュアルな場面では
「～の気はある、～のつもりはある、～の準備は
できている」という意味で使われることが多いです。
ニュアンスや実際の使い方を学びましょう！

1. ～をしようかな

I'm up for trying that new restaurant downtown.

繁華街の新しいレストランに行ってみようかな。

→ ニュアンスとしては、"want to" を使うほど「絶対にしたい！」というわけでもないけれども、
  嫌でもない、してもいいよというような感じです。"be willing to" に近いと言えます。

2. ～をしてもいいよ

A: Hey, we're going to start cleaning the room. Wanna join?

ねぇ、部屋の掃除をするんだけど、一緒にどう？

B: Yeah, I guess I'd be up for that?

ああ、まあ一緒にしてもいいよ。

→ "be up for" を使う場合「参加する意思がある」ということを意味しますが、言い方次第
  ではそれほど熱意がないというニュアンスでも取ることができるので、注意が必要です。

3. 「何でもいいよ」

A: What do you wanna do this weekend?

週末は何したい?

B: I'm up for anything.

何でもいいよ。

→ また "I'm up for anything." と言うと「何でもいいよ」と興味がないことを暗に示すことになります。

4. "be down for"

A: Do you wanna go to the cinema later?

後で映画館に行く?

B: Yeah! I'd be down for it, dude!

うん! めっちゃ行きたい!

→ "be up for" の逆なので「〜をしたくない」という意味かと思いきや、「とても〜をしたい」という意味になります。"be up for" より熱意が伝わる表現です。

予習単語

starving お腹がすいた

元々は「飢えている」という意味で、「飢えるほどお腹がすいた」という、"hungry" よりも強い空腹感を表す時によく使われます。

finish up （仕事）を仕上げる

仕事や活動の最終的な仕上げをすることや、タスクの最後に残った部分を完成させることを指します。

今夜の例文

Mariko: What are you up to? I'm seriously <u>starving</u>.

Jade: I was just <u>finishing up</u> some work. I'm up for some good food yeah.

Mariko: We should find a place to eat. Are you down for some Chinese food?

Jade: Sure! I'm down for anything.

Mariko: Or we could go to that cozy little dim sum place we went to last time. Remember?

Jade: Oh yeah, I loved their dumplings! Let's definitely go there again for sure.

さらに知っておきたい単語

What are you up to?	何してるの？
seriously	マジで ★
good food	おいしいもの
cozy little	こぢんまりした

★＝カジュアルな表現、スラング

マリコ： 何してるの？　めっちゃお腹すいたわ。

ジェイド： ちょうど仕事が終わりそうなところよ。私も何かおいしいものが食べたいわ。

マリコ： とにかく、食べるところを見つけなきゃ。中華料理はどう？

ジェイド： もちろん！　何でもOK。

マリコ： それなら、この間行った、こぢんまりした点心のお店はどう？　覚えてる？

ジェイド： ああ、覚えてるよ！　私あそこの餃子大好き！　もう一回行くことに決定だね。

dim sum	点心
Remember?	覚えてる？
definitely	絶対に、決定的に
for sure	絶対

be here to

〜しに来た

Track No.
21

「〜しに来た」という意味がメインですが、
シーンによってかなり意味が変わるので、
具体的な文を見て覚えていきましょう!

1. 基本の使い方

I'm here to learn English.

英語を学びに来ました。

→ 最も基本的な使い方です。"I'm here to" を "I've come to" などに言い換えても使えます。

2. 「〜するのを待っている、予定だ」という意味で

This machine is here to be repaired before noon.

この機械は正午前に修理される予定です。

→ 人以外を主語にすることで、修理されたり運ばれたりするために待機している状態を述べる
ことができます。

3. 誰かを気遣って

I'm here to assist you.

お助けします。

→ 困っている人に "I'm here to help you."（あなたを助けるよ）や "I'm here to listen to
you."（話を聴かせて）など、気遣って声掛けする際にも使います。

What a coincidence!   何て偶然！

"coincidence" は「偶然の一致」を意味する英単語で、"What a" を前につけることで「何て偶然なんでしょう」と偶然の出来事にびっくりしたことを表現できます。

as healthy as a horse   とても健康

馬は昔からとてもパワフルで元気がいっぱいだと信じられていることから来ている表現だそうです。
「as 形容詞 as 動物」には、他にも "as busy as a bee"（ハチのようにとても忙しい）や "as blind as a bat"（コウモリと同じくらい全然見えない）があります。どれも動物と形容詞の頭文字が同じで、リズムがいいようになっています。

chatterbox   おしゃべり

直訳すると「しゃべる箱」ですが、とってもおしゃべりな人を意味します。大したことのない話題について常に話している人を特に意味するので、少しネガティブなニュアンスがあります。
悪気なく「おしゃべり好きな人」と言いたいなら、形容詞の "chatty" を使いましょう！

firecracker   生き生きした人

元々の意味は「爆竹」です。パンパンと大きな音が連続で鳴る爆竹のように、常に活動的で生き生きした人を指すようになりました。

Jade: Oh my god Mariko! What brings you here?

Mariko: Hey Jade, <u>what a coincidence</u>! I was here to see my grandma.

Jade: How is your grandma?

Mariko: She's <u>as healthy as a horse</u>! I almost didn't get to leave with how much of a <u>chatterbox</u> she is.

Jade: She sounds like a real <u>firecracker</u>! How old is she now?

Mariko: She just turned 90, can you believe it?

Jade: Wow, she's got some spunk! Give her my regards next time.

Mariko: Will do, Jade! She'd love to hear from you.

さらに知っておきたい単語

Oh my god ★	あら
What brings you here?	どうしたの？　何しに来たの？
get to	〜する機会がある、できる
turn	〜になる

★＝カジュアルな表現、スラング

ジェイド: あら、マリコ！ こんな所に！ どうしたの？

マリコ: ジェイド！ <u>なんて偶然！</u> おばあちゃんに会い<u>に</u>来たんだ。

ジェイド: おばあちゃんはどうだった？

マリコ: <u>とっても元気よ！ おしゃべり好きすぎて、</u>帰らせてもらえないかと思ったわ。

ジェイド: <u>聞く限り本当に元気なんだね！</u> 今何歳なの？

マリコ: ちょうど90になったのよ、信じられる？

ジェイド: わあ、エネルギッシュだね！ 今度よろしく伝えておいて。

マリコ: もちろんよ、ジェイド！ あなたから話を聞きたがっているわ。

have got spunk ★	元気な
give ~ my regards	～によろしく伝える
Will do.	もちろん、そうするよ
hear from	～からの連絡を受ける

★＝カジュアルな表現、スラング

I can't be bothered
〜なんてやってられない

Track No.
22

　"bother" は「〜に面倒をかける」という意味で、"can't" は
ここでは「〜するわけにはいかない」という意味で使われています。
フレーズ全体では「私は面倒をかけられるわけにはいかない」
つまり「面倒くさい」「わざわざやっていられない」という意味。
強くいらだっている時によく使われます。

1. 現在分詞やto不定詞を使う

30 pages of homework!? I can't be bothered doing this.

宿題が30ページも!?　面倒くさすぎてやってられないわ！

→ "I can't be bothered" の後に現在分詞やto不定詞を置くことで「〜するなんてやっていら
　れない」という意味になります。

2. 名詞を置く

I can't be bothered with small talk; let's get to the point.

煩わしい雑談は必要ありません、本題に入りましょう。

→ "I can't be bothered" の後に "with＋名詞" を置くことで、名詞に対しても同じ意味で使う
　ことができます。"get to the point" は「要点に触れる」「単刀直入に言う」という意味です。

throw a fit　怒りが爆発する

この場合の "fit" は「感情の爆発」という意味で、"throw a fit" で大声を出しながら激しく怒ることを指します。例えば、子どもが泣き出し、叫び出し、足を踏み鳴らし始めたら、"throw a fit" と言えます。

free rider　タダ乗り

文字通り「タダ乗り」で、意味を知らなくてもなんとなく推測できると思います。

元々は経済学や社会学などで使われる学術用語でした。しかし、最近は一般の人の間でも使われる表現になっています。「何もしていないのに他の人の労働・頑張りに乗っかる、または手柄を横取りして利益を得る人」を意味します。グループプロジェクトなどで、他のメンバーにすべてやらせ自分は何もしない人も同じく "free rider" と言います。

can't with　〜に我慢できない

元々は "can't do with" という形だったのですが、"do" が省略されたことで "with" が動詞のようになってしまいました。状況や誰かの行動に対する不満、憤り、不信感を伝えるために使われる口語表現です。例えば、"I can't with their attitude right now." は「今は彼らの態度に我慢できない」という意味です。

flake on　〜との予定をドタキャンする

直前になって、予定をキャンセルすることを指すスラングです。また、頻繁にドタキャンをする人は "flake" と呼ばれます。

Jade: Kazuya asked me the other day if I could do the closing shift, and I felt like <u>throwing a fit</u>.

Mariko: How come?

Jade: He is such a <u>free rider</u>! I <u>can't with</u> him! I do all the work and he does nothing in return. I can't be bothered helping him out anymore.

Mariko: I'll talk to him about it later, my brother can be quite lazy sometimes.

Jade: Thanks, Mariko. He has <u>flaked on</u> me too often and I have had enough.

Mariko: I'll remind him of his obligations. We can't let his laziness bring the whole team down.

さらに知っておきたい単語

ask ~ if ...	～に…を頼む
the other day	この間
How come?	どうして？
quite	かなり

ジェイド： この前、カズヤに閉店のシフトをやってくれないかって言われたんだけど、とても頭に来たんだ。

マリコ： どうして？

ジェイド： あの人、すぐタダ乗りするんだもの！　やってられないわ！　私が全部やっているのに、彼は何もしてくれない。これ以上、彼を助けるのはごめんだわ。

マリコ： 後でカズヤと話してみるわ、兄は時々かなりの怠け者だから。

ジェイド： ありがとう、マリコ。あまりにも頻繁にすっぽかされてしまってもうこりごりだわ。

マリコ： 彼に自分のやるべきことを伝えておくわ。彼の怠け癖でチーム全体がダメになってはいられないからね。

lazy	怠けている、怠惰な
have had enough	うんざりだと思う
obligation	やるべきこと、義務
bring ～ down	～を崩壊させる、打ち倒す

I'm gutted that

〜なんてがっかりだ

Track No.
23

「とてもがっかりした」「すごく不満」という気持ちを
伝えるための言葉で、主にイギリスやオーストラリア、
ニュージーランドで使われるスラングです。
似た表現も合わせて、一緒に覚えましょう。

1. "I'm gutted that"

I'm gutted that the tickets for the new movie are sold out.

新作映画のチケットが売り切れなんてがっかりだわ。

→ "gut" は本来「胃腸」もしくは「胃腸を除く」という意味で、「体の大切な部分が取り除かれたように元気をなくさせる」という意味になりました。

2. "I have a gut feeling that"

I have a gut feeling that I'm gonna ace this interview.

この面接に合格する予感がする。

→ "I'm gutted that" に似ていますが、意味は全然違いますね。"a gut feeling" は「体の中から感じる感覚」のことで、日本語の「虫の知らせ」に似ています。

spill the tea　うわさ話をする、本当のことを教える

直訳すると「お茶をこぼす」で、変な言葉のように見えますよね。
元々アフリカ系アメリカ人内の**LGBTQ**＋コミュニティでできた言葉で、この "tea" は "T"、"truth"（真実）の頭文字として使われていました。"spill the T"（真実をこぼす）ですね。
今では "tea" だけで「ゴシップ」「本当のこと」を指すようになりました。とても頻繁に使われるスラングなので覚えて損はなしです!

---

suck big time　最悪だ、うんざりする

このフレーズは、何かとても残念なこと、がっかりすることを表現するスラングです。単に "suck" だけでも「最悪だ」という意味がありますが、それよりも強い表現で、否定的な経験の深刻さや大きさを強調します。
"Failing that test sucks big time."（テストに落ちて最悪だ）のように動詞句として使われ、主語の部分に「最悪なもの」が入るのがポイントです。

---

bummer　いやなこと、失望

カジュアルな話し言葉で、残念なこと、不運なこと、落胆するようなことを指します。挫折や失望を味わっている人への同情や共感を表す時によく使われます。

---

bank on　～をあてにする

何かに頼ったり、あてにしたり、見こんだりする時に使うイディオムです。"depend on" や "rely on" と同様の意味ですが、口語的です。

Mariko: Jade, you won't believe what happened.

Jade: Oh no, what's wrong, Mariko? Spill the tea.

Mariko: Well, remember that job interview I had yesterday? I thought it went really well, but I just got an email saying they went with someone else. I'm gutted.

Jade: Aw, that sucks big time! But hey, everything happens for a reason, right?

Mariko: Yeah, I guess you're right. It's just a major bummer, though. I was really banking on getting that job.

さらに知っておきたい単語

you won't believe	～なんて信じられないと思うけど
what's wrong?	どうしたの？
job interview	面接
go well	うまくいく

マリコ: ねぇジェイド聞いて。もう本当に信じられない。

ジェイド: やだ、どうしたの、マリコ？　何があったか教えて。

マリコ: 昨日私が受けた仕事の面接のこと覚えてる？　すごく
うまくいったと思ったんだけど、他の人に決まったって
メールが来たの。がっかりよ。

ジェイド: うわぁ、それは最悪ね！　でもね、何事にも理由がある
ものよ？

マリコ: そうね。でも、すごく残念だわ。あの仕事がもらえるっ
て、本当に期待してたんだから。

an email saying	～という内容のメール
go with	～を選ぶ
everything happens for a reason	何事にも理由がある
get a job	仕事を得る

It is no
wonder that

〜のも不思議ではない

Track No.
24

直訳すると「〜は驚きではない」です。一瞬「どうして?」と
不思議に思ってしまうことではあるけれど、状況や文脈から
考えると、「驚くようなことでも、予想外のことでもない」
ということを表現するのに使われるフレーズです。
使い方のコツも合わせて覚えましょう!

1. 文中で使う

It's no wonder that she's nervous; it's her first interview.

彼女が不安になるのも無理はないよ。これが初めての面接だから。

→ "It's no wonder that" を使った文の後には「なぜ不思議ではないか」の理由を言うのがコ
ツです。

2. 省略して使う

No wonder he's always late, he never sets an alarm!

彼がいつも遅刻するのは不思議ではないわ。彼はアラームをいつもセットしていないから!

→ "It is" や "that" を省いて、"No wonder" でも同じ意味になります。

3. 返事として使う

A: I failed the exam.

試験、不合格だった。

B: No wonder. You didn't study at all.

そりゃそうだよ。全然勉強してなかったじゃん。

→ また、単に "No wonder." だけで「そりゃそうだ」「どうりで」という意味の返答としても使えます。

予習単語

live under a rock　うとい

まるで岩の下に住んでいて外の世界を知らないかのように、自分の周りや世間で起こっていることを知らない・気づいていないという意味のイディオムです。例えば、広く知られている有名人や大きなニュースの出来事を知らない人がいたら、"Do you live under a rock?" と聞いてみましょう。

striking resemblance　驚くほど似ていること

このフレーズは、2つの人やものが驚くほど似ていることを表すのに使われます。例えば、"They have a striking resemblance to each other." は「彼らはお互いに驚くほど似ている」という意味です。

A lightbulb goes off in my head.
ひらめいた！

直訳は「頭の中で電球が切れる」で、頭の中に考えが浮かぶ、ひらめくという意味のイディオムです。"A lightbulb goes on in my head." 「頭の中の電球が点く」も同様に「ひらめく」という意味になるのがポイント。

Tom: Don't you think Kazuya and Mariko look kind of alike?

Jade: Well, yeah, obviously! They're siblings!

Tom: Wow, I must have been living under a rock or something! No wonder they look so alike. I always thought they just happened to share a striking resemblance.

Jade: I guess you just needed someone to point it out.

Tom: Definitely! It's like a lightbulb just went off in my head.

Jade: Haha, it happens to the best of us. Now you won't forget.

さらに知っておきたい単語

kind of	なんだか ★
obviously	明らかに、当然
sibling	きょうだい
must have been	～してきたに違いない

★=カジュアルな表現、スラング

トム：　　カズヤとマリコって似てると思わない？

ジェイド：　まあ、そうだね！　兄妹だからね。

トム：　　えぇ、僕は何も知らなかったのか！　どうりで似てるわけだ。ビックリするくらい似てるのは偶然だと思ってた。

ジェイド：　誰かがそのことを言ってほしいと思ってたんだね？

トム：　　そう！　すごいことに気づいたと思ったのに。

ジェイド：　ハハ、誰にでも起こることだよ。もう忘れないね。

or something	〜か何か
happen to	偶然〜する
point out	〜を指摘する
it happens to the best of us	誰にでも起こることだ

That's not how I see it.

自分はそうは思わないかな。

Track No.
25

相手の意見を尊重した上で「自分はそうは思わないな」と
違う意見を言う時に使う表現です。
日本人がよく使うフレーズに "I don't think so." がありますが、
相手の主張を直接否定する、強めのニュアンスを持つので、
"That's not how I see it." の方がおすすめです！

1. "That's not how I see it."

A: I think our new town mayor is going to bring doom to our town.

新しい町長はこの町に破滅をもたらすと思うんだ。

B: That's not how I see it! I think he will do his best for the town.

私はそう思わないわ！　彼は町のために最善を尽くしてくれると思う。

→ "That's not how I see it." と言った後には、そう思う理由を述べましょう。

2. "That's not how I see things."

A: I love spicy food. It adds so much flavor!

辛い食べ物っておいしいよね。味がとても深まるよ!

B: Spicy food? That's not how I see things.

辛い食べ物?　僕はそう思わないな。

→ また "That's not how I see things." も同じ意味で使うことができます。

予習単語

pick up the slack　代わりを務める

仕事が遅れている人の代わりを務めたり、不足を補ったりするという意味のイディオムです。"slack" には「たるみ」という意味があり、「たるみを持ち上げて直す」→「仕事の不足を補う」という意味に変化しました。"take up the slack" でも同じ意味になります。

pull my weight　自分の役割を果たす

自分の仕事を十分にこなすという意味のイディオムです。元々はボート競技でこぎ手が自分の体重をかけてオールをこぐところから、このイディオムが生まれました。"carry my weight" でも同じ意味になります。

To be fair,　言わせてもらうけど

この表現は、ほぼ決まり文句と言ってもいいでしょう。辞書で調べると「公平を期すために言うと」と載っていることが多いですが、どちらかといえば「言わせてもらうけど」「というかそもそも」や「反対側の意見だと」など、自分の考えや強い意見をソフトに表現するために使われるフレーズです。基本的に何かを批判する前に言います。

Mariko: Kazuya, I heard that you're not putting much effort at work lately. It seems like Jade is always picking up the slack while you're not pulling your weight.

Kazuya: What? I thought I was doing fine.

Mariko: Well, that's not how I see it. I heard that Jade has been staying late and taking on extra tasks, while you seem to be coasting along.

Kazuya: I mean, there were days I had to leave early but that's only because I had some other things to do, and to be fair, the job sucks. No one should have to work that much for such little pay.

さらに知っておきたい単語

I heard that	〜だと聞いた
put effort	努力する、取り組む
stay late	遅くまで残る
take on	（仕事）を引き受ける

マリコ： カズヤ、最近仕事に力が入ってないって聞いたわ。ジェイドはいつも、あなたが自分の役割を果たしていない間、穴を埋めている気がするんだけど……

カズヤ： え？　なんだよ、俺はちゃんとやってると思ってたのに。

マリコ： 自分はそうは思わないな。カズヤが楽してる間、ジェイドは遅くまで残って、残りの仕事を引き受けているそうだけど。

カズヤ： 俺が早く出なきゃいけない日もあったけど、だってそれは俺が他にやることがあったからだし、ていうかそもそもこの仕事が最悪なんだよ。あんなに安い給料で、あんなに働かなきゃいけないのはおかしいよ。

extra	追加の、余分な
coast along	努力せずにいる、楽をする
I mean, ★	だって、というのも
suck	最悪だ ★

★=カジュアルな表現、スラング

I hate to say it, but

言いにくいのですが、

Track No.
26

「言いにくいのですが」「とても言いにくいけど」と
自分の意見を言う前にワンクッションを置く時に使う
パターンです。主に2種類の使い方があるので、
似た意味の表現と合わせて覚えましょう!

1. 批判する

I hate to say it, but the food was awful.

とても言いにくいけど、料理はひどかったわね。

→ "awful" は「ひどい」という意味のスラングです。

2. 秘密を打ち明ける

I hate to say it, but I forgot to bring my umbrella again.

言いづらいんだけど、また傘を忘れてきちゃった。

→ "I hate to say it, but" の後に来るのは、批判したい内容だけではありません。自分が抱えている秘密を打ち明ける時にも使います。

3. "I hate to bring it up, but"

I hate to bring it up, but your shirt is inside out.

言いづらいのですが、シャツの裏表が逆です。

→ 同様の意味で "I hate to bring it up, but" や "It's hard to say it, but" なども使えます。

予習単語

tacky ダサい

元は「ベタつく」という意味の言葉ですが、最近はスラングで「ダサい」と言う時に使います。「派手、チープ、品がない」などの意味です。"He has a tacky taste in music and art."（彼は音楽とアートの趣味がダサい）のように使います。

super 超

日本語でも「スーパー」で「とても」という意味になりますよね。英語でもそのまま形容詞を修飾する副詞として、"super" を使うことができます。また、単に "super" だけでも「すごい」「最高だ」という意味の形容詞として使えます。

wild すごい、やばい

こちらも意味が大きく変化したスラングです。元々は「野蛮な、野生の」という意味の単語がここ最近「すごい、やばい」という意味で若者たちに頻繁に使われています。大胆な発言や行動についてのリアクションとして友だち同士などでぜひ使ってみてね!

wardrobe choices 持っている服の選択肢

"wardrobe" は「クローゼット」という意味ですが、その他に「その人の服の全コレクション」も指します。

Jade: I hate to say it, but I think the reason why you were not invited to the next party was because of your tacky leopard jacket.

Mariko: What do you mean!? I think it's super fashionable.

Jade: I mean, the dress code was ballroom dance so your outfit choice was wild. I do like how colorful the jacket was though, how about you try wearing a colorful dress next time? It might expand your wardrobe choices!

Mariko: Whatever. My jacket is not the problem. The problem is that they are all boring and snobby.

さらに知っておきたい単語

be invited to	～に招待される
because of	～のせいで、おかげで
leopard	ヒョウ柄の
dress code	ドレスコード

ジェイド： 言いにくいんだけどさ、マリコが今度のパーティーに呼ばれなかったのは、そのヒョウ柄のジャケットがダサかったからだと思うんだよね。

マリコ： どういうこと!?　超おしゃれだと思うんだけど。

ジェイド： 社交ダンスがドレスコードだったんだから、あなたの服装はやばいって。でも、ジャケットのカラフルさは素敵だったと思う。次はカラフルなドレスを着てみたらどう？　持ってる服の選択肢が広がるかもしれないよ!

マリコ： 何でもいいわ。私のジャケットは問題じゃない。問題なのは、彼らがみんな退屈でお高くとまっていることよ。

ballroom dance	社交ダンス
expand	～を広げる
Whatever. ★	何でもいい
snobby	お高くとまった、高慢な

★=カジュアルな表現、スラング

115

to say the least
控えめに言っても

Track No.
27

"the least" とは「程度を最も少なくしても」という意味で、
フレーズ全体では「控えめに言っても、〜だ」と、自分が
言っている内容はおおげさではないことを強調するために
使います。似たようなパターンも合わせて、例文を見て
覚えましょう!

1. 文中で使う

His behavior, to say the least, is unacceptable.

彼の行いは、控えめに言っても、受け入れられない。

→ 基本的な使い方です。文中のほか、文頭や文末で"to say the least"と言うことも可能です。

2. 返答で使う

A: That party was a disaster.

あのパーティーは災難だった。

B: To say the least.

控えめに言ってもそうですね。

→ 相手が言ったことに対して、"To say the least." だけを言う場合もあります。この場合
は、「控えめに言ってもそうですね」と相手の言ったことに同意する意味です。

3. "to put it lightly"

She is a bit of a troublemaker, to put it lightly.

控えめに言っても、彼女は少しトラブルメーカーだ。

→ 同様に "to put it lightly" も「控えめに言っても」という意味になります。この場合の "put" は「〜と言う」という意味になります。

quite interesting　奇妙だ、つまらない

皮肉っぽく "quite interesting" と言う場合、"interesting"（興味深い）という言葉が使われていても、「珍しい」「奇妙だ」ひいては「退屈だ」「印象に残らない」といったことを暗に示していることが多いです。ネイティブはとても頻繁に会話に皮肉な発言を入れてくるので、よくあるパターンを覚えておいて損はないと思います！　このような発言の場合、中立的または肯定的に聞こえる言葉が使われていたとしても、トーンや文脈によって実際は全然面白くなかった、つまらなかったという意味で話していることがあります。難しい！

what to make of　〜をどう判断するか

この前に "I don't know" や "I'm not sure" などがついて、「理解したり解釈したりしようとしてみたけれど、判断が難しい」ということを表現するために使われます。日本語にすると「どう考えたらいいのかわからない」に近いです。例えば "He showed me a painting, but I had no idea what to make of it."（彼は私に絵を見せてくれたが、どう解釈したらいいのか私にはわからなかった）のように使います。

an experience　変わった経験

この言葉も皮肉として使われる英語特有の表現です。誰かが何かを "experience" と呼ぶ時、良し悪しに関係なく何らかの形でインパクトのある、言葉に表すのが難しいものであったことを意味します。

Mariko: Jade, did you see the new exhibit at the art museum?

Jade: Yes, I did. It was quite... interesting.

Mariko: To say the least. Some of the pieces were quite unconventional.

Jade: Definitely. I wasn't sure what to make of some of them.

Mariko: I know what you mean. It's like the artist himself didn't know what he wanted to do.

Jade: Exactly. But regardless, it was still an experience.

Mariko: Certainly gave us something to talk about!

さらに知っておきたい単語

exhibit	展示
some of	〜のいくつか
piece	作品
quite	かなり

マリコ： ジェイド、美術館の新しい展示は見た？

ジェイド： ええ、見たわ。<u>とても……興味深かったわね</u>。

マリコ： <u>控えめに言ってもね</u>。いくつかの作品はとても型破りだったし。

ジェイド： 本当に。<u>何をどう解釈したらいいのかわからないもの</u>もあった。

マリコ： わかるわ。まるでアーティスト自身が、どうしたいのかわかっていないみたいだった。

ジェイド： そうね。でもともかく、<u>"面白い経験"</u>には変わりないわ。

マリコ： 確かに、話の種を与えてくれたもんね！

unconventional	型破りの、伝統に反した
I'm not sure	～がわからない
regardless	ともかく、それとは別に
something to talk about	話の種

Words often used in ASMR

ASMRでよく使う言葉

ASMRで使う言葉には特徴的なものが多いです。
特に、擬音語・擬態語はよく使います。
ASMRで頻繁に使われる言葉を見ていきましょう。

whisper ひそひそ声	"p" や "ck" など破裂音が多めに入っている囁き声を "clicky whispers" と言います。"clicky" は「カチッと鳴る」という意味。
click カタカタ	マウスをクリックする音も指しますが、ASMRではキーボードをタイピングする時の音を指すことが多いです。
inaudible 聞き取れない	聞き取れそうで聞き取れない囁きに使います。同様のシーンで "unintelligible"（理解できない）もよく使われます。
flip めくる音	本などのページをめくるASMRでよく使います。特に "magazine flip through"（雑誌をめくる音）という動画が多めです。
tickle こちょこちょ	ビジュアルトリガーのひとつに「見る人をくすぐるように手を動かす仕草」があります。その時によく使われる単語です。
tapping コツコツ	何かをトントン、コツコツと叩く音です。ボタンを叩く音や、マイクの近くを叩く音などがよく使われます。
fizzling シュワシュワ	炭酸飲料のシュワシュワという音です。聞くだけで爽快な気持ちになりますね！
stipple トントン	カメラに向かって指をトントンと叩く時の音。本来は点描で絵を描くことなどを意味します。

Chapter

4

ネイティブに
もっと近づく
パターン

ネイティブがよく使うパターンほど、
意外に教科書に載っていないもの。
身につくとネイティブ感が出るパターンをまとめました。

What's your latest obsession?

最近ハマっているものって何？

🎧 Track No.
28

日本の学校では「趣味＝"hobby"」と習うことが多いですよね。
　ただネイティブの感覚からすると、"hobby" は「努力を伴う
もの」に限られます。例えば、資格取得が趣味の場合 "hobby"
ですが、動画鑑賞が趣味の場合は "hobby" とは言えません。
　軽い趣味、「今ハマっていること」を聞く時に代わりに
使えるのが "What's your latest obsession?" です！

1. "What's your latest obsession?"

A: What's your latest obsession?

最近ハマっていることって何？

B: I've been super into collecting K-POP albums lately!

最近はK-POPのアルバム集めに超ハマってるんだ！

→ "obsession" とは元々「取りつかれていること」という意味で、「病みつきになっている
もの」→「ハマっているもの」というように、カジュアルに使われるようになりました。

2. "What are you obsessed with?"

A: What are you obsessed with?

何にハマってる?

B: I'm all about collecting sneakers.

スニーカーを集めることしか頭にないんだ。

→ 同じ意味で "What are you obsessed with?" も使えます。

予習単語

be super into 〜に超ハマる

"be into" だけでも、日常会話で「〜に興味がある」「〜大好き」という意味でよく使われています。日本の学校でよく習う "be interested in" と同じ意味ですが、"be into" の方が日常会話では頻繁に使われます。

さらにそこに "super" を追加すると「〜に熱中している」「〜に夢中だ」という意味になります。

binge 過度に行う

過度に、または極端に何かをすることを指します。本来は大食いや大酒を飲む人に対して使われていましたが、最近は映像コンテンツを見漁るなど何かにとてもハマっているという意味を持つようになりました。例えば "I binged my favorite TV show all weekend." は「お気に入りのテレビ番組を、週末は何度も見ていた」という意味です。

また、"binge" と他の動詞をハイフンでつなげることで、「過度に〜する」という新しい動詞を作ることもできます。"Jane loves to binge-read mystery novels in one sitting." は「ジェーンはミステリー小説を大量に一気読みするのが大好きだ」という意味です。

今夜の例文

Jade: What's your latest obsession, Mariko?

Mariko: Ooh, lately I've been super into bungee jumping! I keep binging videos online and was even dreaming about it.

Jade: That sounds exhilarating! Have you tried it yet?

Mariko: Not yet, but I actually booked a bungee jumping experience this week.

Jade: I'll be sending you all the good vibes for your bungee jumping experience, Mariko.

Mariko: If you'd like, you can come join me!

Jade: Oh wow, that sounds cool but a little too extreme for me.

さらに知っておきたい単語

bungee jumping	バンジージャンプ
dream about	～の夢を見る
exhilarating	爽快な
book	～を予約する

ジェイド： マリコ、最近ハマっているものって何？

マリコ： あっ、最近はバンジージャンプに超ハマってるの！ネットでバンジージャンプの動画を見まくってて、夢にまで出てきたの。

ジェイド： なんだか爽快だね。やったことはあるの？

マリコ： まだ、でも実は今週バンジージャンプの体験を予約したんだよね。

ジェイド： バンジージャンプを応援してるね、マリコ。

マリコ： もしよかったら、一緒にやらない？

ジェイド： わあ、それはすごいけど、私にはちょっと過激すぎるわ。

send you good vibes ★	あなたに元気を送る、頑張って
If you'd like,	もしよければ
come join ★	〜と一緒に来る、合流する
extreme	過激な

★＝カジュアルな表現、スラング

125

Thanks, but I'll pass this time.

ありがとう、でも今回はやめておくよ。

🎧 Track No.
29

日本の学校では、一般的に「断る時は "No, thank you." と
言う」と習いますが、言い方によっては「結構です！」と
相手をはねつけるようなニュアンスに取られてしまう危険が
あり、あまりおすすめできません。少し失礼な厳しい言い方に
ならないよう、断る時は "Thanks, but I'll pass this time." という
フレーズを使ってみてください！

1. "Thanks, but I'll pass this time."

A: Would you like to join us for some drinks tonight?

今夜、私たちと一緒に飲みに行きませんか？

B: Thanks, but I'll pass this time. Have fun though!

ありがとう、でも今回はパスするわ。楽しんでね！

→ "pass" は日本語の「パスする」と同様、「やめておく」という意味です。

2. "I'm good! Thanks though"

A: Would you like me to grab you a drink while I'm out?

出かけるついでに飲み物を買ってこようか?

B: I'm good! Thanks though, I have one right here.

大丈夫! ありがとう。でももうあるから。

→ "I'm good! Thanks though." や "It's alright, thanks though." でも同じように使えます!

come over　うちに来る

誰かを家に招待する時に使います。例えば、"Why don't you come over for dinner?"(晩ご飯をうちに食べにこない?)と言われたら、"home" や "house" と言っていなくても、その人はあなたを自分の家に招待していることになります。

hang out　だらだらする、ぶらぶらする

カジュアルな表現で、誰かと遊んだり、会ったりして時間を過ごすことを意味します。"Let's hang out on Saturday!"(土曜日遊ぼうよ!)のように使います。

Don't be like that.　そんな態度しないで

怒ったり、すねたり、わがままを言ったりしている人に対して「そんな態度しないでよ」と言いたい時に使う表現です。例えば "Why didn't you invite me to the party?"(なんでパーティーに呼んでくれなかったの?)と言われた時には "Don't be like that, it was just a small gathering with coworkers."(そんなに怒るなって、あれは職場のちょっとした集まりだったんだ)と返しましょう。

Tom: Hey Jade, I was wondering if you'd like to <u>come over</u> to my place tonight. I've got some movies we could watch together.

Jade: Thanks, but I'll pass this time. I have other plans.

Tom: Oh, come on, Jade. It'll be fun. Just the two of us, <u>hanging out</u>.

Jade: I appreciate the invitation, Tom, but I'm really not interested. Maybe some other time.

Tom: Aw, <u>don't be like that</u>. I promise it won't be weird or anything.

Jade: Thanks, but I'm really fine. I'm sure you'll find someone else to <u>hang out</u> with.

+ さらに知っておきたい単語

I was wondering if you'd like to	〜しませんか？　〜しない？
my place	私の家
plan	予定
come on	いいじゃないか

トム：　　　やあ、ジェイド、よかったら今夜うちに来ないか？　一緒に見たい映画があるんだ。

ジェイド：　ありがとう、でも今夜はパスさせてもらうわ。他の予定があるから。

トム：　　　別にいいじゃないか、ジェイド。きっと楽しいよ。二人きりで遊ぼうよ。

ジェイド：　トム、誘ってくれて嬉しいけど、本当に大丈夫。また今度ね。

トム：　　　まぁそんなこと言わないで。変なことにはならないよ。

ジェイド：　ありがとう。でも、本当に大丈夫よ。きっと他に遊べる人がいるはず。

just the two of us	二人きり
Maybe some other time.	また今度ね
promise	～を約束する
weird ★	変な、奇妙な

★＝カジュアルな表現、スラング

feel out of it

調子が良くない

Track No.
30

変な感じがしたり、元気がなかったり、集中力がなかったり、
あまり調子が良くないことを指すフレーズです。調子が悪いのが
どこなのかを細かく言わなくていいので、他の表現より
使いやすいかも。体だけでなく心の調子にも使えます。

1. "feel out of it"

I'd like to cancel our next appointment, I feel out of it.

次の予約をキャンセルしたい、調子が良くないんだ。

→ 体調不良でキャンセルする時に使いましょう。

2. "be out of it"

After that long flight, I'm completely out of it.

長いフライトの後、私は完全に体調不良になった。

3. "feel out of sorts"

Recently, I've felt out of sorts, like nothing is going right.

最近、調子が良くないんだ、まるで何もうまくいかないようだ。

→ ほとんど同じ意味で "be out of it" や "feel out of sorts" を使うこともできます。

4. "feel out of place"

In a room full of extroverts, I often feel out of place.

社交的な人でいっぱいの空間にいると、しばしば場違いに感じる。

→ "feel out of place" は、形は似ていますが、「場違いに感じる」という意味なので注意が必要です。

You seem a bit off. なんだか変だよ

このフレーズは、その人らしくない、あるいは相手がいつもと同じように振る舞っていないことを丁寧に伝えるためによく使われます。体調が悪そうだったり、気が散っているように見えたり、会話に十分に参加していないように見えたりした場合に使いましょう。

try to get some rest ちょっと休む

このフレーズは、少し休むように相手に勧めたり励ましたりするために使います。疲れている、ストレスが溜まっている、あるいは働きすぎのように見える場合に使いましょう。
"You should rest." よりも柔らかい表現で、よく使われます。

take it easy 気楽にやる、落ち着く

話し言葉で、相手にリラックスするように、あるいは無理をしないように勧める時などに使われます。ストレスやプレッシャーを感じることなく、落ち着いて物事に取り組むよう、親しみをこめて使われることが多いです。
一方で「無茶言わないで」という意味や、「またね」という別れ際のあいさつとしても使えます。

今夜の例文

Mariko: Jade, are you okay? <u>You seem a bit off</u> today.

Jade: Yeah, I'm feeling out of it. I think I caught a cold.

Mariko: Oh no, that's not good. Have you been getting enough rest?

Jade: Not really. I've been so busy with work that I haven't had much time to take care of myself.

Mariko: You should definitely <u>try to get some rest</u>. Your health is important, Jade.

Jade: I know, you're right. I'll try to <u>take it easy</u> for the rest of the day.

Mariko: Good idea. Let me know if there's anything I can do to help.

さらに知っておきたい単語

catch a cold	風邪をひく
get a rest	休息をとる
be busy with	～で忙しい
don't have much time to	～する時間が十分にとれない

マリコ： ジェイド、大丈夫？　今日はちょっと元気がないみたい
　　　　だけど。

ジェイド： ええ、ちょっと調子が悪くて。風邪をひいたみたい。

マリコ： それはよくないわ。休みは十分とってるの？

ジェイド： そうでもないかな。仕事が忙しくて、自分の体をケアす
　　　　る時間があまりなかったの。

マリコ： 絶対休みをとるようにした方がいいわ。健康は大事よ、
　　　　ジェイド。

ジェイド： そうよね。今日はゆっくり休んでみるわ。

マリコ： それが良いわ。何か手伝えることがあったら言ってね。

take care of myself	自分の健康を気遣う
definitely	絶対に
the rest of the day	今日の残りの時間
let me know	知らせて

Couldn't be better.

これ以上ないぐらい最高。

Track No.
31

日本では「"How are you?" には "I'm fine, thank you!" と答える」と教わることが多いですよね。この表現は間違いではありませんが、ネイティブにとっては少し不自然です。というのも、ネイティブの間でfineは「体調が悪い時、会話を早く切り上げるために使う言葉」だからです。より自然に自分の体調や気分を伝えたい場合は、次の表現を使いましょう！

1. 調子がいい時

I'm good.　元気だよ。

I'm great.　最高だよ。

Couldn't be better.　これ以上ないぐらい最高。

Not bad.　悪くないよ。

On a roll.　絶好調。

Feeling blessed.　いい気分。

Pretty well.　結構いい。

→ "I'm good." は、断る時の「結構です」や「大丈夫です」も意味するので注意してください。

2. そんなに良くない時

I'm okay. まぁまぁ。

I'm alright. まぁまぁ。

Not so good. あまり良くない。

I'm dying. 最悪。

A bit off. 少し調子が悪い。

Could be better. 良くはない。

A bit down. 少し気分が落ちこんでいる。

→ "okay" "alright" は調子が良さそうに思えますが、実際はそこまで良くはないというニュアンスがあるので注意してください。

予習単語

sleep like a rock　ぐっすり眠る

大きな岩が長い間動かずじっとしている様子をイメージしてください。それと同じように、安らかで邪魔されない眠りを意味するフレーズです。

fancy　〜が欲しい

動詞の "fancy" は、イギリス英語では色々な意味で使えます。大まかにわけると、「〜が欲しい、したい」「（人）のことが気になっている」「〜を想像する」「うぬぼれる」の4種類です。"He really fancies himself, doesn't he?" は「彼ってうぬぼれてるよね?」という意味です。

今夜の例文

Mariko: Hey Jade, how are you feeling today?

Jade: Couldn't be better, thanks. I slept like a rock.

Mariko: That's good to hear. By the way, do you need any help with the project?

Jade: No, I'm good. I've already finished my part.

Mariko: Alright, if you're sure. Last question, would you fancy grabbing lunch together?

Jade: Thanks, but I'm good. I already made plans with Tom. I think he really fancies me.

さらに知っておきたい単語

How are you feeling?	体調はどう？
by the way	ところで
need help with	〜について助けが必要だ
part	部分、担当

マリコ： ねえ、ジェイド、今日の気分はどう？

ジェイド： 元気よ、ありがとう。ぐっすり眠れたわ。

マリコ： それはよかった。ところで、プロジェクトの手伝いは必要？

ジェイド： いや、大丈夫。もう自分のパートは終わったから。

マリコ： わかったわ。最後の質問だけど、一緒にランチでもどうかな？

ジェイド： ありがとう。でも大丈夫。もうトムと約束しちゃったんだ。たぶん彼、私のこと結構好きなんだと思う。

if you're sure	あなたがよければ
grab lunch ★	ランチに行く
make a plan	予定・計画を立てる

★=カジュアルな表現、スラング

It's giving ~ vibes.

～みたいな雰囲気だ。

Track No.
32

特定の誰かの雰囲気やスタイルのように見える時などに
基本的に褒めるために使うスラングです。70 ～ 80年代の
黒人やラテン系のLGBTQコミュニティから生まれたスラングで、
このコミュニティで生まれたスラングの多くは、
今もなお英語圏で幅広く使われています。
使い方がパッとわからないと思うので、例を見てみましょう！

1. "It's giving ~ vibes."

Your outfit looks so gorgeous! It's giving Beyoncé vibes.

今日のコーデはとってもゴージャスね！　ビヨンセっぽい雰囲気！

→ "vibe" とは "vibration"（振動）の略です。振動から「目には見えない、周りに与える影響」
　　→「気分、雰囲気」という意味になったと考えてください。

2. "catch vibes"

I was catching some strange vibes from him.

彼から変な雰囲気を感じ取った。

→ "catch" や "pick up" といった動詞を使うことで、雰囲気「を感じ取る」という使い方もでき
　　ます。

3. "It's giving."

Wow, I love your new Instagram post. It's giving.

わぁ、新しいインスタの投稿いいね。最高!

→ 最近は "It's giving." だけでも「とてもいい」と褒める言葉としてよく使われるようになりました。

fierce　かっこいい

本来の意味は「激しい」や「凄まじい」です。ファッションや態度が強烈で、印象的であることを表します。ポジティブな意味合いで使われ、一流の業績、スタイリッシュな外見、並外れた才能、印象的なパフォーマンスなどを説明する時に使います。

---

fabulous　素晴らしい

"fable"（寓話、神話）を形容詞化した言葉で、元々は「神話に登場しそうなくらい、現実では考えられないほど素晴らしい」という意味でした。現在では単に「素晴らしい」という意味で、特にファッションを褒める時などに使います。また "fab" と短縮した形でもよく使われます。

---

pop　いい意味で目立つ

スラングにおける "pop" は、何かが突然目立つようになったり、注目を集めたりして、存在感が強くなることを指します。
"pop" は元々「ポンと音を立てる」という意味で、「ポンという音がする」→「目立つ」という意味になりました。
また、"pop music" などと言う時の "pop" は "popular"（大衆向けの）の短縮形で、現在ではこの2つの異なる語源から生まれた意味が、混ぜ合わさっています。

Jade: What do you think of my make-up today?

Mariko: Oh my goodness, you look great! It's giving fierce and fabulous!

Jade: Thanks, Mariko! I was trying out a new eyeshadow palette.

Mariko: Well, it suits you perfectly. The colors really make your eyes pop. It's giving super model vibes!

Jade: Thank you, Mariko! I was a bit nervous about it.

Mariko: Don't be! You nailed it. Seriously, you should do make-up tutorials.

Jade: Haha, maybe I'll consider it!

+ さらに知っておきたい単語

make-up	メイク
oh my goodness	oh my god と同じ意味
try out	～を試す
It suits you.	あなたにぴったりだ

ジェイド： 今日の私のメイク、どう思う？

マリコ： あら、とても素敵よ！　雰囲気がもうかっこいいしずば抜けて素晴らしいわ。

ジェイド： ありがとう、マリコ！　新しいアイシャドウパレットを試していたの。

マリコ： まあ、あなたにぴったりね。目がいい意味で目立つ色だね。スーパーモデルみたい！

ジェイド： ありがとう、マリコ！　ちょっと不安だったのよね。

マリコ： そんな、不安にならないで！　バッチリよ。ほんとに、メイクの先生になるべきよ。

ジェイド： はは、考えるかもね！

a bit	少し
You nailed it. ★	バッチリだよ、完璧だよ
tutorial	個人指導
I'll consider it.	検討します

★＝カジュアルな表現、スラング

141

I'm hyped for
〜にワクワクする

Track No.
33

"I'm excited for" と意味は同じで、
最近若者によく使われるスラングです。
"hype" は元々「誇大宣伝」というネガティブな意味で
使われていましたが、最近では「〜を興奮させる、
ワクワクさせる」というポジティブな意味に変化しました。
さらに "hyped" と過去分詞形で
「熱狂的にワクワクした」という意味になりました。

1. "I'm hyped for"

I'm so hyped for the new merch drop! I can't wait!!

新しいグッズの発売開始が楽しみすぎる！ 待ちきれないよ！

→ "merch" は "merchandise" の略で、日本語の「グッズ」に近いです。

2. "I'm hyped up for"

I'm totally hyped up for the concert next week!

来週のコンサートがマジで楽しみ！

→ "hyped up for" も同じ意味で使うことができます。"totally" は「マジで」という意味。

lit　素晴らしい、酔った

"light"（光、〜を光らせる）の過去分詞形ですが、スラングでは、ワクワクすることや素晴らしいことを表現するのに使われます。また、お酒に酔っている状態を指すのにも使います。酒に酔って真っ赤に「点灯した」とイメージすれば、わかりやすいかもしれませんね！

---

the cherry on top　よりよくするもの

「てっぺんのチェリー」という直訳だとわかりづらいかもしれませんが、パフェの上に載ったチェリーをイメージしてください。それだけでもおいしいパフェの上に、チェリーが載ると最高になりますよね！　このフレーズは、楽しいものごとをより楽しくする何かを表現するために比喩的に使われます。一方で逆の意味で「状況や経験をより悪くさせる何か」を表現するために皮肉的に使われることも時折あります。

Easter egg　隠し機能

ゲームやアプリに隠されている、おまけの機能です。元々はキリスト教の復活祭で、イースターエッグを隠して子どもたちに探させる遊びから来ています。

---

spoiler　ネタバレ

"spoil" の意味は「〜を台なしにする、腐らせる」です。"spoiler"は「せっかくの楽しみを台なしにするもの」から「ネタバレ」という意味になりました。"spoiler alert" "spoiler warning" と書かれていたら「ネタバレ注意！」という意味なので気を付けて！

Tom: Did you hear about the new game dropping next weekend?

Kazuya: Yeah I did! I'm so hyped to play it.

Tom: Me too. It's going to be lit. The game is going to be the cherry on top of an already awesome weekend.

Kazuya: I wonder if there are any hidden Easter eggs.

Tom: Knowing this developer, there probably are. They're notorious for adding those.

Kazuya: That's exciting! I've been avoiding social media to dodge any potential spoilers or leaks.

Tom: Smart move. I'd rather experience everything firsthand without any prior knowledge, too.

さらに知っておきたい単語

drop	発売される
awesome ★	素晴らしい、最高の
hidden	隠れた
notorious	有名な、悪名高い

★ =カジュアルな表現、スラング

トム：　来週末に新しいゲームが発売されるって聞いた？

カズヤ：　ああ、聞いたよ！　プレイするのが楽しみだよ。

トム：　僕もだよ。絶対楽しいよね。このゲームは最高の週末をさらによくしてくれるよ。

カズヤ：　隠し機能はあるのかな？

トム：　このゲームの開発会社を考えると、たぶんあるよ。実装することで有名だからね。

カズヤ：　それはワクワクする！　隠れたネタバレやリークを回避したくて、SNSを避けてるんだ。

トム：　賢いね。僕も事前情報なしで、すべてを自分の目で味わいたいね。

dodge	～をかわす
leak	流出、リーク
smart	賢明な、賢い
firsthand	直接、自分の目で

You look amazing.

素敵だね。

Track No.
34

友だちの服を褒める時 "fine" を使っていませんか？
例えば、友だちが新しく買った服に自信がなさそうな時に
"You look fine." と言ってしまうと「そんなに良くないけど、
大丈夫だよ」という意味になります。
相手を褒める時は形容詞のニュアンスが変わるので要注意です！

1. 褒める時の形容詞のニュアンス

You look okay.

ニュアンス：まぁ酷くはないんじゃない？

You look fine.

ニュアンス：まぁいいんじゃない？

You look great.

ニュアンス：とてもいいね。

You look amazing.

ニュアンス：本当に素敵！

→ "okay" や "fine" を使うと少しネガティブな意味になるので注意です！

2. "so fine"や"super fine"で褒める

Those sneakers are so fine.

そのスニーカーめっちゃいいね。

→ ただ、"fine" に "super" や "so" をつけて誇張すると、褒め言葉になります。難しい!

予習単語

rock 最高

「岩」や「ロックミュージック」だけではなく、スラングとしてポジティブな意味合いで使われます。"You rock!" や "We are rocking it." など、「うまくやっている」という意味になります。

---

flashy ドギツい、けばけばしい

人が集まる場所で、フラッシュが一瞬光る様子をイメージしてください。注目や賞賛を集めるためにあまりにも明るく派手に見える時に、否定的な意味で使われます。

---

insane ヤバい

「非常識だ」「馬鹿げている」といった、基本的にネガティブな言葉です。ただ、あまりにも驚いた時にポジティブな意味でスラングとして使うことも多々あります。"sick" や "ridiculous" もそうですが、元々ネガティブな意味があった単語がポジティブなニュアンスに変わったのは、日本語の「ヤバい」と似ていますね。

---

slay 最高だ、印象的だ、キマッている

元々「殺害する」という物騒な意味だったのですが、スラングでポジティブな意味に変わり、現在では「とても優れている、印象的だ」と絶賛する時に使う言葉になりました。

Jade:	Hey Tom, what do you think of my new dress?
Tom:	Wow, Jade, you look amazing!
Jade:	Thanks! I was a bit unsure about it.
Tom:	No way, you're totally rocking it, like, you look so fine.
Jade:	Really? I wasn't sure if it was too flashy.
Tom:	Nah, it's perfect. Seriously, you look insane.
Jade:	Thanks, Tom! That means a lot coming from you.
Tom:	Of course, anytime. Keep slaying all the outfits!

さらに知っておきたい単語

be unsure about	～に自信がない、迷っている
No way, ★	そんなことないよ
totally	全体的、完全に、マジで ★
be not sure if	～かどうか自信がない

★=カジュアルな表現、スラング

ジェイド: ねぇトム、私の新しいドレスどう思う？

トム: わあ、ジェイド、すごく似合ってるよ！

ジェイド: ありがとう！ ちょっと迷ってたんだ。

トム: そんなことないよ、すごく似合ってるよ、本当に素敵。

ジェイド: 本当に？ 派手すぎるかなと思って。

トム: いや、完璧だよ。マジで、綺麗だよ。

ジェイド: ありがとう、トム！ あなたからそう言ってもらえるなんてとても嬉しいわ。

トム: もちろん、どういたしまして。これからも色々な服を着こなして！

Nah ★	いや
seriously	本当に
That means a lot coming from you.	あなたにそう言ってもらえると嬉しい
anytime	どういたしまして、いつでもどうぞ

★=カジュアルな表現、スラング

Would you mind ~?

~してもらっていいですか?

Track No.
35

頼みづらいことをお願いする時に使うフレーズです。
「いいですよ、やります」と言う時に "Yes" で答えるのはNG。
"Would you mind ~?" の本来の意味が「あなたは〜するのを嫌だと
思いますか」なので、「はい、嫌です」と断っていることに
なってしまいます! 「いいですよ」と言いたい時は、
"Not at all." "No, no problem." などを使いましょう。

1. 現在分詞を使う場合

A: Would you mind doing the dishes tonight?

今夜の皿洗い、任せてもいい……?

B: Not at all!

うん、いいよ!

A: Thank you so much! I really appreciate your help.

ありがとう! あなたの手助けに本当に感謝するよ。

→ "do the dishes" は「皿洗いをする」の意味です。

2. ifを使う場合

A: Would you mind if I opened the window?

窓を開けてもいいですか？

B: Sorry, can you leave it shut? I'm freezing already.

すみません、閉めたままにしてもらってもいいですか。もう凍っちゃいそうで。

→ "mind"の後にif節を置いても同じ意味になります。if節の中は過去形になることに注意!

予習単語

While you're at it, ついでに

何かの仕事や活動に関連して、別のお願いをする時に使われます。例えば、"While I'm at it, do you need anything else?"（ついでに他に必要なものはありますか？）のように使います。

fetch ～を取ってくる

基本的に「誰かに頼まれたものを取ってくる」ということを意味する点に注意してください。例えば "Can you fetch me a glass of water from the kitchen, please?"（キッチンから水を一杯持ってきてくれない？）のように使います。

material 授業資料、レジュメ

大学で必ず使う英単語 "material"。本来は「物質・材料」を意味する単語ですが、教育関連の場合、授業資料やレジュメのことを指します。「授業のために必要な材料」ととらえて覚えましょう。

~~~~~~~~~~~~~~~~

Professor: Good afternoon, Jade. Would you mind closing the windows? The draught is quite distracting.

Jade: Of course, Professor. I'll get right on it.

Professor: Thank you. While you're at it, would you mind fetching the course material from the shelf? We'll be referring to them in today's lecture.

Jade: No problem, Professor. I'll close the windows first and then retrieve the course material.

Professor: Much appreciated, Jade. You're a lifesaver.

Jade: Thank you, Professor. I'll make sure everything is in order for the lecture.

さらに知っておきたい単語

distracting	気が散るような
professor	教授
shelf	棚
refer to	～に言及する

教授: こんにちは、ジェイド。窓を閉めてくれるかな？ 隙間風でとても気が散るんだ。

ジェイド: わかりました、教授。すぐやりますね。

教授: ありがとう。ついでに、棚から<u>授業資料</u>を<u>取って</u>くれるかな？ 今日の講義で触れるから。

ジェイド: もちろんです、教授。窓を閉めたら<u>授業資料</u>を取り出しますね。

教授: とてもありがたいよ、ジェイド。君がいて良かった！

ジェイド: ありがとうございます、教授。講義に向けて万全の状態を整えておきます。

retrieve	～を回収する
much appreciated	とてもありがたいよ
You are a lifesaver.	とても助かった
everything is in order	万事完璧だ

Could you repeat that, please?

もう一度言ってもらえますか?

🎧 Track No.
36

"Pardon?" や "I beg your pardon." は「聞き取れなかった場合に言う」と日本の学校では習いますが、実際は堅苦しく古い英語なのであまり使いません。"I beg your pardon." には「申し訳ございません」という意味もありますが、これも古い英語です。

　聞き取れなかった場合に使うパターンを見ていきましょう。

1. フォーマルな場面

Could you repeat that, please? I zoned out for a sec.

もう一度言ってもらえますか?　一瞬ボーっとしてしまって。

→ フォーマルな場面では "Could you repeat that, please?" が使われます。

2. カジュアルな場面

Sorry, what? I couldn't catch that last part.

ごめん、何だって?　最後の部分が聞き取れなかった。

→ カジュアルな場面では、"Sorry, what?" "Come again?" "What was that?" を使いましょう。

3. "I BEG your pardon!"で〔何ですって!〕

A: Sorry, did you just bump into me?

すみません、今ぶつかりましたよね?

B: Sorry old lady!

ごめんよ、おばさん!

A: I BEG your pardon! Do NOT call me an old lady!

何ですって! おばさんなんて呼ばないで!

→ "beg"という単語を強調しながら、ゆっくり"I BEG your pardon!"と言うと、「何ですって? もう一回言ってみなさいよ」と怒っていることになります。とはいえ、この使い方もどちらかといえば中高年齢層が使う場合が多いです。

予習単語

I didn't catch that. 聞き取れなかった

直訳すると「キャッチしなかった」になりますが、誰かが言ったことを聞き取れなかったり、理解できなかったりした場合に使われるフレーズです。

You can't miss it. すぐ見つかるよ

道案内の時によく使うフレーズで、探している場所が目立つ、あるいは有名で非常に見つけやすい時に使われます。例えば、スカイツリーへの行き方を尋ねられたら、見逃すことはないので、道案内をする人は "You can't miss it." と言うでしょう。

Mariko: Excuse me, could you tell me where the nearest subway station is?

Stranger: Sorry, I didn't catch that. Could you repeat your question?

Mariko: No problem. I was asking if you know where the subway station is located.

Stranger: Oh, yes. It's just around the corner. You can't miss it.

Mariko: Thank you so much for your help!

Stranger: No problem at all. Enjoy your journey!

さらに知っておきたい単語

the nearest	一番近い
subway	地下鉄
ask if	～かどうか尋ねる
be located	位置する

マリコ： すみません、近くの地下鉄の駅がどこにあるか教えて
もらえますか?

街の人： すみません、聞き取れなくて。質問をもう一度言っても
らえますか?

マリコ： 大丈夫です。地下鉄の駅がどこにあるか知っているか
を尋ねました。

街の人： あ、はい。ちょうどそこの角を曲がったところにありま
す。絶対わかりますよ。

マリコ： 助けてもらってありがとうございます!

街の人： 全然問題ないですよ。旅を楽しんで!

around the corner	角を曲がったところに
Thank you for	～していただいてありがとう
No problem at all.	全く問題ないですよ

Don't mention it.

とんでもない。

Track No.
37

"Thank you." と言われた時、"You're welcome." と返していませんか?
感謝された時の返答として間違いはないのですが、
少しかしこまった、大袈裟な印象になります。日本語でもあまり
「どういたしまして」と言わないのと同じかもしれません。
次に紹介するフレーズの方が、こなれ感が出て自然です。

1. "No problem."

→「問題ないよ!」という意味です。感謝に対しての返答として、一番使われているといっても
過言ではないと思います。SNSでは "Np" と略して使うことが多いです。

2. "No worries."

→ "No problem." とニュアンスは同じです。「心配いらないよ」という意味で、イギリスやオー
ストラリア、ニュージーランドでよく使われるフレーズです。

3. "Sure."

→「もちろん!」「構わないよ!」という意味で気軽に使えます。

4. "Don't mention it."

→ 直訳すると「それに言及しないで」。「お礼を言われるほどのことじゃないよ」「とんでもな
い」という気持ちを表した表現です。

5. "Anytime."

→ 「いつでも頼んでよ」という表現です。今後も手助けをしたいという気持ちを表すことができます。

　ただ、例えば誕生日プレゼントへの感謝を言われた場合、"Anytime!" と言うと「いつでもプレゼントをあげるよ」ということになるので使えません。このように、使える場面は少し限られています。

6. "(It's) my pleasure."

→ 直訳すると「それは私の喜びです」。つまり、お礼を言われることをしたことに対して「喜んでしたんだよ」というようなニュアンスになります。

予習単語

While we are on the topic of
～のついでに言うと

このフレーズは、現在話題に上っていることに関連した、新しいトピックを紹介する時に使えます。「～といえばだけど」にニュアンスとしては近いです。

pull off　～を着こなす

「困難な、予想外なことを達成する」という意味で、アメリカでよく使うイディオムですが、ファッションの文脈では、「（服）をうまく着こなす」という意味になります。

Don't hesitate to ～　ご遠慮なく～してください

相手を気遣い、「それをすることをためらったり、不安になったりしなくていいですよ。いつでもしてくださいね」という意味になります。

Jade: Hi, is it alright if I try wearing these clothes in the fitting room?

Shop clerk: Not at all! Please feel free to use the fitting room anytime. While we are on the topic of clothes, would you like to try out this top as well? It's in our new collection and I think you would pull it off so well.

Jade: Thank you so much! I would love to.

Shop clerk: Don't mention it! Don't hesitate to tell me if you need any help.

さらに知っておきたい単語

Is it alright if ~ ?	~しても大丈夫ですか？
fitting room	試着室
clerk	店員
feel free to	自由に~する

ジェイド: すみません、試着室でこの服を着てみてもいいです
か？

店員: もちろん！ 試着室はいつでもご自由にお使いくださ
い。洋服の話題のついでに、このトップスもいかが？
私たちの新しいコレクションにあるんだけど、あなたな
らうまく着こなせると思うわ。

ジェイド: ありがとうございます。ぜひ着てみたいです。

店員: とんでもない！ 何かあれば遠慮なく言ってください。

try out	～を試す
top	トップス（上半身に着る服）
～ as well	～も

dude

おお

Track No.
38

それ自体に深い意味はない分、日本語には訳しづらい言葉です。
本来は「ヤツ、お前、彼」などの男性を指す言葉でした。
「おお」「やあ」など親しい人への呼びかけに使い、
文末につけるだけでネイティブっぽくなります。
似たような言葉も合わせて一気に見ていきましょう!

dude

→ 親しい男性に使うことが多いですが、親しい仲であれば女性にも使えます。

mate

→ イギリスやオーストラリアで、"dude" の代わりに使われることが多いです。特にオーストラリアでは初対面の人にも「敵意が無いこと」を示すために使います。困っていたら、オーストラリア人に "Do you need help, mate?" (手助けが必要かい?) と聞かれるかもしれません。

bro

→ "brother" の略。よく洋画で「兄弟!」と出てきますが、元の英語はこの単語です。仲の良い男性同士で主に使われます。

girl

→ 文字通り、親しい女性に対して使います。

man

→ こちらも文字通りですね。親しい男性に対して使います。他にも、怒っている時には相手の性別関係なしに "What the hell, man!"（なんなんだよ、おい）のように "man" を「おい」という意味で使います。

buddy

→ 本来の意味は「相棒」ですが、"mate" と同じく初対面の人でも使います。

pal

→ "pal" も「仲間、友人」という意味です。

予習単語

What's been happening? 最近どう?

直訳すると「何が起こったの?」ですが、実際には「最近どう?元気?」という意味です。

keep my head above water 持ちこたえる

直訳は「頭を水の上に保つ」ですが、「（首を水の上に出して）溺れないでいる」、つまり経済的な問題など困難な状況をなんとか持ちこたえることを意味するイディオムです。

Life is like a rollercoaster. 人生は山あり谷あり

「人生はジェットコースターのようだ」ということわざで、「人生山あり谷あり、でも叫んで怖がるか楽しむかは自分次第」という意味を持ちます。

take forever 時間がかかりすぎる

「時間がかかりすぎる、なかなか終わらない」という意味です。

今夜の例文

Jade: Hey, Kazuya! Long time no see!

Kazuya: Jade! It's been too long, dude! What's been happening?

Jade: Oh, you know, the usual grind. Just trying to keep my head above water.

Kazuya: I hear ya. Life can be a real rollercoaster sometimes.

Jade: Absolutely. So, what have you been up to? You took forever to reply to my texts!

Kazuya: Haha, sorry about that! I've been knee-deep in work lately.

さらに知っておきたい単語

you know	まあ
I hear ya. ★	言いたいことはわかる、そうだね
absolutely	本当に、まったくだ
What have you been up to?	最近どうしてた？

★ =カジュアルな表現、スラング

ジェイド: やあ、カズヤ！　久しぶり！

カズヤ: ジェイド！　久しぶりだな！　<u>最近どう？</u>

ジェイド: まあ、いつものことだよ。<u>なんとか頑張ってる。</u>

カズヤ: そうだよな。<u>人生にはジェットコースターのような時もあ</u>
<u>るさ。</u>

ジェイド: 本当にね。それで、どうしてたの？　<u>メールの返事遅</u>
<u>かったじゃん！</u>

カズヤ: あはは、ごめんね！　最近、仕事が忙しくて。

reply to	～に返信する
text	メッセージ
sorry about	～についてごめん、申し訳ない
be knee-deep in	～に埋もれる、～で忙しい

Role play

ロールプレイ

ASMRには「ロールプレイ」というジャンルがあります。
何かになりきって、シチュエーションに変化を加えたものです。
どんなシチュエーションがあるか、見ていきましょう。

hair salon 美容室	髪を切ってもらう時って、色々な音が聞こえますよね。髪の音やはさみの音、シャワーの音が楽しいです！
make-up メイク	投稿者がメイクをする音だけでなく、自分がメイクされる体験ができるものも多いです。
medical exam 病院の検査	身体検査の音です。人によっては怖いかも！ "cranial nerve exam"（脳神経検査）のロールプレイは特に人気。"check up"という名前でも投稿されます。
pampering 甘やかし	髪の毛をとかしてあげたり、マッサージをしてあげるなど視聴者を画面越しに甘やかすロールプレイ動画。
lice check シラミ検査	海外では定期的にシラミ検査をします。この時先生に髪をとかしてもらうのが心地よかったと感じる人が多いようです。
shop assistant 店員	視聴者を来店客として投稿者が店員になりきります。ブティックの店員や香水屋さん、化粧品販売員などが多いです。
hair play 髪の毛いじり	友だちや美容師が髪を触ったり結んだりするシチュエーション。実際に頭を触られている感覚になって心地よいと評判です！
massage マッサージ	フェイスマッサージ、頭皮（scalp）マッサージなど、画面を視聴者に見立ててマッサージする音が心地よいです。

Chapter

5

使えると
かっこいい
大人のパターン

英語にも、敬語に近い表現が
たくさんあるんです！
全部使いこなせればスマートに見えますよ。

It's a pleasure to meet you.

お目にかかれて光栄です。

Track No.
39

"Nice to meet you." よりも丁寧で大人な言い方。
ビジネスの場面や年上の方とお話している時に使えたらグッドです！
ただし、思わぬ落とし穴もあります……
実際の文を見て、使い方を学びましょう！

1. 一般の方に言う場合

A: Hi! Pleasure to meet you, Sam.

やあ、お目にかかれて光栄だよ、サム。

B: It's a pleasure to meet you too, Sir.

こちらこそ、よろしくお願いいたします。

→ "It's a" は省略可能ですが、あった方が丁寧です。

2. 王室にごあいさつをする場合

How do you do?

ごきげんよう。

→ イギリス王室にごあいさつをする場合「お会いできることが光栄なことは当たり前」なので、
"It's a pleasure to meet you." は失礼に当たります。難しい！　一周回って "How do you
do?"（ごきげんよう）が正解です。

3. "It's an honor to meet you."

It's an honor to meet you, sir.

お目にかかれて光栄です。

→ "It's a pleasure to meet you." の代わりに "It's an honor to meet you." も使えます。
"honor" は「名誉」という意味です。

予習単語

How are you liking ~ so far? 〜はどう?

"so far" には、「今まで、今のところは、とりあえず」という意味があります。直訳すると「今のところ〜はどのように好き?」ですが、「〜の印象はどう?」「〜はどれくらい気に入った?」と印象を聞く時に使うフレーズです。

atmosphere 雰囲気

"atmosphere" は「大気」や「空気」、「気圧」を意味する単語です。ただ、日常会話では場所や状況の「雰囲気」として使われることが多いです。同様に、"air"（空気）も「雰囲気」という意味で使うことができます。

term 学期

学期は学期でも、3学期制の場合の学期を "term" と言います。一方、日本の大学で主流の2学期制は "semester" と言います。"semester" は元々「6か月」という意味で、seが6、mesterが月を表します。
海外ではterm制（3学期制）の大学も多いので、どちらも知っていて損はない単語です！ ちなみにterm制のアカデミックカレンダーは Autumn Term: 10月〜12月・Spring Term: 1月〜3月・Summer Term: 4月〜7月などになっています。

今夜の例文

Mariko: Hello, professor! It's a pleasure to meet you.

Professor: Nice to meet you too. I'm glad to see you today. How are you liking the campus life so far?

Mariko: It's wonderful! I absolutely love the atmosphere in this university.

Professor: I'm glad to hear that. Remember, if you ever have any questions or need assistance, don't hesitate to reach out. We're here to support you throughout your academic journey.

Mariko: Thank you. I appreciate your guidance. I'm looking forward to the rest of the term.

さらに知っておきたい単語

I'm glad to see you.	会えて嬉しいよ
campus life	学生生活
I'm glad to hear that.	そう言ってもらえると嬉しいよ
Remember,	～ということを覚えておいて

マリコ： こんにちは、教授！　お会いできて光栄です。

教授： こちらこそ。今日は会えて嬉しいです。大学生活はどう
ですか？

マリコ： 素晴らしいです！　この大学の雰囲気が大好きです。

教授： そう言っていただけると嬉しいです。何か質問があっ
たり、サポートが必要な時は、遠慮なく声をかけてくだ
さい。私たちは、学問の旅の間ずっとあなたをサポート
します。

マリコ： ありがとうございます。ガイダンスに感謝します。これ
からの学期が楽しみです。

Don't hesitate to ～ .	遠慮なく～してね
reach out	連絡する
academic	大学の、学問の、アカデミックな
be looking forward to	～が楽しみだ

(not) my cup of tea

私の好み（ではない）

Track No.
40

やんわりと自分の好みや苦手なものを伝えたい時に使われる、イギリス発祥の上品な言い方です。直訳は「私の紅茶」で紅茶の国・イギリスならではのイディオムと言えます。主に "not" を伴って「それほど好みではない」という形で使われることが多いです。

1. 好みではない

A: What did you think of the new movie?

新しい映画、どう思った？

B: It's not my cup of tea but I can see why a lot of people like it!

私の好みではないけど、なぜ多くの人が好きなのかはわかるわ！

→ "not my cup of tea" は「他の人が好きになるのもわかるけど、自分の好みではない」という意味になります。

2. 得意ではない

I appreciate the offer, but golfing isn't my cup of tea.

お誘いいただいてありがたいのですが、ゴルフは得意ではないんです。

→ "not my cup of tea" は「得意ではない」という意味にもなります。

3. 肯定文で使う

A: A quiet night in with a good book is my cup of tea.

良い本とともに家で静かに過ごすのが私の好みだ。

B: Absolutely, that's my thing.

わかるよ。私の好みでもある。

→ 基本的には否定文で使う "cup of tea" ですが、このようにあえて肯定文で使うこともできます。

give it a try　試してみる

「試しにやってみる」という意味で、率先して新しいことに挑戦する、熱意が伝わるフレーズです。"give it a go" でも同じ意味になります。

over the top　やりすぎ

極端で大袈裟、やりすぎなことを意味する表現です。"over the top"、「上を超えている」で、必要以上になってしまっているのがイメージできますね。また、"That over-the-top performance blew everyone away."（その度を越えたパフォーマンスに全員が圧倒された）のように「度を越えた」「派手な」という意味で、形容詞として用いられることもあります。

to each their own　人それぞれ

このフレーズは、好みや意見の個人差を認め、尊重したい時に使えます。

Jade: Did you get a chance to listen to the new album that came out last week?

Mariko: Oh, you mean the one with all the screaming and shouting? Yeah, I gave it a try, but it's not my cup of tea.

Jade: Really? I thought you were into rock.

Mariko: Normally, yes, but this one seemed a bit over the top for my taste. I prefer music with more emphasis on the melody.

Jade: Ah, gotcha. Well, to each their own, right?

さらに知っておきたい単語

come out	発売される
the one with all	～でいっぱいのもの
screaming	叫ぶこと、叫び声
be into	～にハマっている ★

★ =カジュアルな表現、スラング

ジェイド： 先週出た新しいアルバム、聴いてくれた？

マリコ： ああ、叫び声とシャウトばっかりのやつね？ うん、聴いてみたけど、私の好みじゃないわ。

ジェイド： そうなの？ ロックが好きだと思ってたわ。

マリコ： いつもはそうなんだけど、これはちょっと大袈裟な感じがして。メロディーがもっと強調された音楽が好きなの。

ジェイド： なるほどね。まあ、人それぞれよね？

normally	通常は
for my taste	自分の好みからすると
emphasis on	〜の強調
gotcha ★	わかった（"I got you." の略）

★=カジュアルな表現、スラング

175

I'd appreciate it if
〜していただければ幸いです

Track No.
41

"appreciate"の本来の意味は「〜を正しく評価する、良さがわかる」
ですが、日常会話では「〜してくれるとありがたい」
「〜してください、よろしくお願いします」という意味で使います。
これを使いこなすことができると、
ネイティブっぽさがかなり出てかっこいいです!

1. 文頭の場合

I'd appreciate it if you could help me with my homework.

宿題を手伝ってくれるとありがたいな。

→ 文頭の場合は、"I'd appreciate it" の後に if をつけます。if 以下の部分を、直前の it が表しています。

2. 文末の場合

Let me know when you are free to chat! I'd appreciate it.

お話できる時間があったら教えてね! よろしくお願いします。

→ 文末の場合は、いったんピリオドなどで区切って別の文にします。この場合の it は前の文全体を指します。

3. "It would be appreciated if"

It would be appreciated if you could RSVP promptly.

早急にご返信を頂けますと幸いです。

→ 基本的に "I'd appreciate it if" と同じ意味ですが、より遠回しな、丁寧な言い方になります。例文のRSVPは「返事をください」という意味で、フランス語の "répondez s'il vous plaît" の頭文字をつなげたものです。

予習単語

special dietary request　食事制限のリクエスト

近年、食事制限などへの理解が深まっています。レストランや機内食などで、アレルギー、食事制限（ベジタリアン、ビーガンなど）、嗜好（ローカーボ、ケトなど）の特別食をリクエストすれば、それに合った食事を用意してくれることが多いです。
"dietary" は「食事の」「食べ物の」という意味の言葉です。

gluten-free options　グルテンフリーメニュー

グルテンとは、小麦やライ麦などの穀物に含まれるたんぱく質のことで、小麦アレルギーの原因になる物質です。グルテンだけではなく、カフェインやアルコールなど、何らかの成分が含まれていないメニューがないか聞く時には "Do you have ○○-free options?" と言ってみてください。
ちなみに、カフェインフリーについては "decaf"（デカフェ）も使えます。"decaffeinated"（脱カフェイン処理された）の略語です。

cross-contamination　交差汚染

食中毒菌やアレルゲンなどが手指・調理器具を介して、別の食品を汚染することを "cross-contamination"（交差汚染）と言います。アレルギーを持っている方にはとても大事な単語ですよね。

Customer: Good evening. Would you be willing to accommodate a <u>special dietary request</u>?

Jade: Good evening, sir. I'm here to assist you. What specific dietary restrictions do you have?

Customer: I'm allergic to gluten, so I need to avoid wheat-based ingredients. I'd appreciate it if you could recommend dishes that are gluten-free.

Jade: Understood, sir. We have several <u>gluten-free options</u> available. Our quinoa salad and grilled chicken breast are both excellent choices.

Customer: That sounds perfect. I'd appreciate it if you could also ensure that the kitchen takes precautions to prevent <u>cross-contamination</u>.

さらに知っておきたい単語

accommodate a request	要望に応える
dietary restriction	食事制限
be allergic to	～のアレルギーがある
wheat-based	小麦由来の

お客様: こんばんは。食事制限のリクエストに応えていただけますか?

ジェイド: こんばんは。お手伝いさせていただきます。具体的にどのようなお食事の制限がございますか?

お客様: 私はグルテンアレルギーなので、小麦を使った食材は避けたいです。グルテンフリーの料理を紹介していただけるとありがたいです。

ジェイド: わかりました。グルテンフリーのメニューをいくつかご用意しております。キヌアサラダと鶏むね肉のグリルはどちらも素晴らしい一品です。

お客様: 美味しそうですね。厨房で交差汚染を防ぐように注意してもらえるとありがたいです。

ingredient	材料
chicken breast	鶏むね肉
precaution	事前注意、警戒、予防措置
prevent	～を防ぐ

when you get a chance

手が空いたら

Track No.
42

何かをお願いする際の、"Can you 〜?" よりも丁寧で優しい
言い方です。似たような表現もいくつかあるので、合わせて一緒に
覚えましょう。とても印象が良くなるので、たくさん使って
「お願い上手」になってください!

1. "when you get a chance"

A: Please give me a call when you get a chance!

手が空いたら電話をください!

B: Sure, will do when I'm free.

わかりました、手が空いたら電話します。

→ "get a chance" は「機会を手にする」という意味です。

2. "Did you get a chance to 〜?"

Did you get a chance to respond to my email?

私のメールに返信していただけましたか?

→ 頼んでおいたことなどを「〜していただけましたか?」と丁寧に確認するパターンです。

3. "I didn't get a chance to"

Sorry, I didn't get a chance to call you back yesterday.

すみません、昨日は電話をかけ直す時間がありませんでした。

→「～する時間がなかった」という意味のパターンです。「忙しかった」ことを暗に表現しています。

予習単語

be tied up with　～で忙しい

忙しかったり、仕事や作業で頭がいっぱいで、他のことが自由に
できなかったりすることを意味します。"tie up" は「～を縛り付け
る」という意味で、仕事や勉強などに縛り付けられている様子を
イメージすると覚えやすいです。

get to　～に取り掛かる

「～に取り掛かる」という意味のフレーズは "work on" などもあり
ますが、"get to" を使う場合、緊急性や重要性が高いことが多い
です。仕事や作業を始めるように指示する時に "Can you get to
work?"（仕事に取り掛かってくれますか？）と使ったり、取り掛か
ることを自分から他の人に伝える時に "I will get to it quickly."（す
ぐに取り掛かります）と使ったりします。

have ～ on my plate　やるべきことが～くらいある

スケジュールや仕事量がいっぱいで、忙しい状態を指すフレーズ
です。
バリエーションが多く、使い勝手がいいので、下の文と意味を一
気に覚えましょう。"I have a lot on my plate."（やるべきことがいっ
ぱいだ）、"He has more than enough on his plate right now."（彼
には今、やるべきことが多すぎるほどある）、"We've got too much
on our plates as is."（現状、私たちにはやるべきことが多すぎる）
のように使います。

Lily: Good morning, Mariko. I hope you're doing well. When you get a chance, could you please review the latest project proposal and provide your feedback?

Mariko: Good morning, Lily. Of course, I'll make that my priority. I'm currently tied up with another task, but I'll get to it as soon as I can.

Lily: I appreciate it, Mariko. I know you have a lot on your plate. Also, when you get a chance, I'd like to discuss the upcoming client meeting agenda.

Mariko: Absolutely, Lily. I'll add it to my list.

さらに知っておきたい単語

I hope you're doing well.	お元気ですか
review	～を見直す
project proposal	企画提案書
provide a feedback	フィードバックする、意見をいう

リリー: おはよう、マリコ。お元気かしら。手が空いたら、最新の企画書を見て、意見をくれない？

マリコ: おはようございます、リリーさん。もちろん、それを優先します。今は別の仕事に追われていますが、できるだけ早く取り掛かります。

リリー: ありがとう、マリコ。忙しいわよね。それと、手が空いた時に、今度のクライアントとの打ち合わせの議題についても話し合いたいわ。

マリコ: もちろんです、リリーさん。リストに追加しておきます。

make it a priority to	～することを優先する
currently	現在
upcoming	今度の
agenda	議題、アジェンダ

I'm afraid (that)

恐れ入りますが

Track No.
43

"I'm afraid" の本来の意味は「恐れている」ですが、
後に何が続くかによって、意味が変わってきます。
後ろにthat節や文が続く場合は、相手にとっては不都合なことを
丁寧に伝える表現で、ビジネスシーンでよく使われます。
その他の使い方もまとめて覚えましょう!

1. "I'm afraid of"（〜を恐れている）

A: I'm afraid of the dark, so I sleep with a light on.

暗いのが怖いので、明かりをつけて寝ます。

B: You'll become a light sleeper.

眠りが浅くなりますよ。

→ "I'm afraid" の後に "of" が付くと、「〜を恐れている」という意味になります。

2. "I'm afraid for"（〜の安否を心配している）

I'm afraid for my mother.

母の安否が心配です。

→ "I'm afraid for" の場合、「恐れている」ではなく「〜の安否を心配している」という意味に
なるので注意です。

3. "I'm afraid (that)"（恐れ入りますが）

I'm afraid we are booked fully that day, I apologize.

恐れ入りますが、その日は満室です、申し訳ございません。

→ "I'm afraid (that) ～" の場合、「恐れ入りますが～でございます」という意味で使います。
"I'm afraid" と切り出されたら、その時点で断られる覚悟をしたほうがいいです!

予習単語

What's on your mind?　何を考えているの?

相手が何か深く考えていたり、悩んでいるそぶりを見せたりした時に使えます!
"on my mind" は「悩み事・考え事がある」というニュアンスです。
単に「心の中で」と言いたい場合は "in my mind" になるので、注意しましょう。

---

lay off　～を解雇する

「～を解雇する」という意味の動詞には "fire" もあります。違いとしては、"lay off" は雇用者の責任（コスト削減や人員削減、合併や買収など）による解雇であるのに対し、"fire" は従業員の責任による解雇です。

It is what it is.　しょうがない

個人的に英語で一番好きなフレーズです（笑）。「自分ではどうしようもなく、ありのままを受け入れなければならないことを認める」という意味で、残念な状況に対しての感想、諦めとしてよく使われます。
また、"He is who he is." 「彼はそういう人だからしょうがないよね」のように、"who" を使うことで人に対しても使うことができます。

Lily: Good morning, Mariko. I'm afraid I have some difficult news to share with you.

Mariko: Good morning, Lily. Of course, I'm here to listen. What's on your mind?

Lily: I'm afraid we're facing financial challenges this year, and as a result, we need to make some tough decisions. We'll have to lay off Mary due to the lack of profitability.

Mariko: I see, this is quite distressing but it is what it is.

さらに知っておきたい単語

share news with	～にニュースを伝える
face a challenge	課題に直面する
financial	財政の、財務の
as a result	結果として

リリー: おはよう、マリコ。残念ながら少し伝えるのが難しい
ニュースがあります。

マリコ: おはようございます、リリーさん。もちろん、聞きますよ。
何をお考えですか？

リリー: 残念ながら今年は財政難で、その結果、厳しい決断を
迫られています。採算が合わないため、メアリーを解
雇せざるを得ません。

マリコ: なるほど、これはかなり苦しいことですが、仕方があり
ません。

make a decision	決断をする
tough	厳しい
profitability	採算性、収益性
distressing	苦悩を引き起こす、痛ましい

Sorry to bother you
お忙しいところすみません

Track No.
44

Night 22 の "I can't be bothered" で、"bother" の意味は
「〜に面倒をかける」と解説しました。"Sorry to bother you" の主な
意味は「あなたに面倒をかけてすみません」。
色々な場面で、色々な意味で使えるフレーズなので、
シーンごとに違いを見ていきましょう。

1. お願いする時

Sorry to bother you, can you hold the door?

すみません、ドアを押さえていただけます？

→ 何かをお願いする時に、急に用件から始めるのではなく "sorry to bother you" と始めてみ
ましょう。

2. 訪問する時

Sorry to bother you, just making a quick visit.

お邪魔してすみません、少し立ち寄っただけなのですが。

→ 誰かの家やオフィスなどに訪問する際に "sorry to bother you" と言いましょう。日本語で
「お邪魔します」と言うのと同じですね。

3. メールの最後に

Sorry to bother you, but I would appreciate your help.

お手数おかけしますが、何卒宜しくお願いいたします。

→ 誰かに何かを依頼するメールの最後に「お手数おかけしますが」という意味でも使えます。

4. "Sorry to"を使った同様の表現

Sorry to rush you, but the deadline is approaching fast.

急かして申し訳ない、ただ締め切りが刻々と迫っています。

Sorry to jump in, but can I add something?

横からすみません、補足してもいいですか?

→ 他にも "Sorry to keep you waiting" (お待たせしていてすみません) や "Sorry to interrupt" (中断してすみません) などがあります。

予習単語

be free at the moment   今、手が空いている

直訳は「今の瞬間は自由です」と少し面白くなりますが、要するに「今、手が空いている」や「今、時間がある」という意味です。特に、疑問形にすることで「お時間ありますか?」という意味になり、何かをお願いする前や話しかける前に使うととても丁寧です! "Are you free at the moment?" (今、お時間ありますか?) のように使いましょう。

How can I help you?   どうされました?

直訳すると、「どうやったらあなたのお手伝いができますか?」ですが、自然な日本語に直すと「何か御用はありますか?」や「どうされましたか?」という意味になります。困っている人や何か聞きたそうな人がいたらぜひ使ってみてください!

Jade: Hi Professor! Sorry to bother you, do you happen to be free at the moment?

Professor: Sure, how can I help you?

Jade: I had a question about the exam and was wondering if you could help me.

Professor: Absolutely, Jade. I'm here to assist. What's on your mind?

Jade: I'm struggling with understanding the essay prompts.

Professor: No worries, let's break them down together. Which prompt are you having difficulty with?

さらに知っておきたい単語

do you happen to	ひょっとして〜しますか？
have a question about	〜について質問がある
I'm here to assist.	お助けしますよ
be struggling with	〜に困っている

ジェイド: こんにちは、教授！ お邪魔してすみません、今お手隙だったりしませんか？

教授: 大丈夫ですよ、どうされました？

ジェイド: 試験について質問があるのですが、お聞きしてもいいですか？

教授: もちろんです、ジェイド。お助けしますよ。何が気がかりですか？

ジェイド: 論文試験のお題を理解するのに悩んでいて。

教授: 心配いりません、一緒に解決していきましょう。どのお題で苦労していますか？

essay	論文
prompt	お題
break ~ down	～を分解する、解決する
have difficulty with	～に苦労する、てこずる

Feel free to

お気軽に〜してください

Track No.
45

　直訳は「〜する自由を感じてください」で、相手に対して
「遠慮なく聞いてください」や「自由に使ってください」のように、
丁寧に勧めるフレーズです。ビジネスシーンでは
「ご質問があればお気軽にお問い合わせください」と言う時に
使われることも多いです。

返答は「ありがとう」で

A: Feel free to take as many snacks as you like.

お気軽に好きなだけお菓子をとってください。

B: Appreciate it! I might take a couple.

ありがとうございます！　2ついただきます。

A: Help yourself to the drinks too, if you're thirsty.

のどが渇いていれば、お飲み物もどうぞご自由に。

B: Thanks, I think I'll grab a soda then.

ありがとうございます。ではソーダをいただきます。

→ 感謝の言葉で返答しましょう。

It's lovely to have you here.
ようこそ来てくれました

日本で「ラブリー」と言うと、かわいい感じを連想しますよね。もちろん "lovely" にはその意味もあるのですが、「素晴らしい、楽しい」といった意味もあります。

"It's lovely to have you here." は、「あなたがここに来てくれるのは素晴らしい」→「ようこそ来てくれました」と、ゲストを迎え入れる時に使うフレーズです。

"It's nice to have you here." や "I'm glad to have you here." なども同じ意味で使えます。

Make yourself at home. くつろいでいってね

このフレーズは英語圏で誰かがゲストを家に呼んだ時に「緊張しないでね、くつろいでね」と安心させるためにとても頻繁に使われます。直訳すると「自分の家みたいにしてね」という意味になりますが、ホスト側の「仲のいい人には、自分たちが家族かのようにリラックスしてほしい」という気持ちの表れになります。

アメリカやイギリスなどでは、直訳通り「自分の家のように」くつろいでOKで、テレビを勝手につけたり冷蔵庫を開けたりしても大丈夫です。

"Make yourself comfortable." でも同様の意味になります。

Thank you for having me.
お招きくださりありがとうございます

このフレーズは、人に招待してもらったり、自宅やイベントを訪問させてもらったりしたことへの感謝を表す、丁寧な表現です。丁寧とはいえ、そこまでかしこまった表現ではないので、友だち同士でも使えます。

Jade's Mom: Good afternoon, Mariko. It's lovely to have you here. Please come in and make yourself at home.

Mariko: Good afternoon, Mrs. Smith. Thank you for having me. I appreciate your hospitality.

Jade's Mom: Of course, Mariko. Feel free to take a seat in the living room while I prepare some tea for us.

Mariko: Thank you, Mrs. Smith. That sounds delightful. I'll make myself comfortable.

Jade's Mom: You're welcome, dear. Feel free to let me know if there's anything else you need while you're here. Jade will be down shortly.

さらに知っておきたい単語

Mrs.	～さん、～夫人
hospitality	おもてなし
take a seat	座る
prepare ~ for	…に～を用意する

ジェイドの
ママ：　　こんにちは、マリコ。来てくれて嬉しいわ。どうぞ入っ
　　　　　て自分の家みたいにくつろいでね。

マリコ：　こんにちは、スミスさん。お招きいただきありがとうござ
　　　　　います。おもてなしに感謝します。

ジェイドの
ママ：　　もちろんよ、マリコ。お茶を用意するから、気軽にリビ
　　　　　ングルームで座っててね。

マリコ：　ありがとうございます、スミスさん。嬉しいです。くつろ
　　　　　がせていただきます。

ジェイドの
ママ：　　どういたしまして。ここにいる間、何か必要なものがあっ
　　　　　たら遠慮なく言ってね。ジェイドはもうじき上の階から
　　　　　下りてくると思うわ。

delightful	楽しい、嬉しい
be down	（上の階から）下りてくる
shortly	すぐに

Let me look into that.

検討します。

🎧 Track No.
46

"look into" は「〜を調べる、調査する」という意味のイディオム。
"Let me look into that." は、何かを聞かれて「すぐには答えられない
けれど、調べればわかる」という状況の時に使えるフレーズです。
また、ビジネスシーンでは「検討します」という意味でも使えます。
こちらも「すぐには答えられないので、調べてから改めて答えます」
という意味ですね。

1. ちょっと調べるね

A: Do you know when our next appointment is?

次の予約っていつかわかる？

B: I'm not sure! Let me look into that, give me a second!

ちょっとわからない！ 調べてみるから、ちょっと待ってね！

A: No rush, take your time.

急いでないからゆっくりでいいよ。

→ スマホで簡単に調べられる時代になったからこそ、使用頻度が激増したフレーズと言えるかもしれませんね。

2. 検討します

Let me look into your request and get back to you shortly.

ご要望について検討し、早めにお戻しします。

→ 日本語の「検討します」と同様、会話を終わらせようとする方法として使うこともできます。
　また、答えを知らないか、教えるつもりがないことを暗に伝える方法でもあります。

予習単語

May I have a moment of your time?
お時間頂戴してもよろしいですか?

このフレーズを使えば、相手に「話をする時間があるか」を丁寧に尋ねられます。「忙しいことを承知の上で、短くてもいいので時間が欲しい」という思いが伝わるので、ビジネスやフォーマルな場面でよく使われます。

up to my ears in work　仕事で手いっぱいだ

直訳すると「耳まで仕事でパンパン」ですね。深いプールに入って、耳まで水が来ている状況をイメージしてください。「どっぷりつかっていて、身動きがとれない」→「仕事に追われて非常に忙しい」ということを意味します。
また、仕事以外にも "I'm up to my ears in debt." (借金で首が回らない) のように使うことができます。

I'll be patient.　気長に待ちます

"patient" は「我慢強い」という意味ですが、"be patient" で「辛抱強く待つ」という意味を持つ時があります。"Thank you for your patience." は「お待たせしてしまい申し訳ございません」という意味です。

Mariko: Good afternoon, Professor. I have a question regarding the homework assignment. <u>May I have a moment of your time?</u>

Professor: Good afternoon, Mariko. Certainly, I'm here to assist you. However, I'm currently <u>up to my ears in work.</u> Let me look into that for you later today.

Mariko: No problem, Professor. <u>I'll be patient.</u> I just wanted to clarify some points.

Professor: Of course, Mariko. I'll provide detailed explanations when I get back to you.

さらに知っておきたい単語

regarding	〜に関する
homework assignment	宿題、課題
later today	今日この後で、今日中に
clarify	〜を明確にする

マリコ： こんにちは、教授。課題に関して質問があります。お時間よろしいですか？

教授： こんにちは、マリコ。もちろんです。ただ、今仕事で手いっぱいなんです。今日中に調べますね。

マリコ： 大丈夫です、教授。待ちますね。数点確認したいだけなので。

教授： そうですか、マリコ。改めて詳しい説明をしましょう。

provide an explanation	説明する
detailed	詳しい、詳細な
get back to	〜に返事をする、改めて連絡する

take care

お元気で

Track No.
47

"take care" は「〜の世話をする」「〜に対処する」という
意味ですが、使うシーンによって色々な使い方ができます。
例文を見て、覚えていきましょう!

1.「お元気で」

Please take care until we meet again soon.

また会える日までお元気でいてくださいね。

→ "take care of yourself"（あなた自身を大切に世話する）が短縮されて「お元気で」という
意味で別れ際のあいさつとして使われます。

2.「お大事に」

Take care; hope you feel better quickly.

お大事に。すぐ良くなることを願っているわ。

→ これも "take care of yourself" の短縮形です。相手が体調を崩している時に使えます。

cherish　〜を大切にする

何かを大切に、心の中に留めておくというポジティブな意味の動詞です。"Cherish this moment."（この瞬間を大切に）のように使います。時間だけでなく、家族や友人などを大切にするという場合にも使えます。

---

miss having you around
あなたがいなくて寂しい

このフレーズは、長い間一緒にいた人にお別れを言う時などに "I'll miss having you around."（あなたがいなくなったら寂しくなるわ）と使います。近くにいた人がいなくなって、寂しいと感じたり、存在のありがたみを感じたりするという意味でよく使われます。

Remember,　忘れないで

rememberを「覚える」という意味で記憶している人も多いかもしれませんが、正しくは「覚えている」「忘れない」という意味です。命令文の文頭で使う場合、日本語で「忘れないで」と言う時と基本的な使い方は同じですが、教訓や成功の秘訣、ポイントなどを話す前に言うことも多いです。例えば、"Remember, the key to success lies in persistence and determination." は「忘れるな、成功のカギは粘り強さと決断力にある」という意味です。日本語の「いいですか」「よく覚えておいて」などに近いかもしれません。

---

keep in touch　連絡を取り合う

直訳は「触れた状態であり続けよう」。一見すると変な表現ですね。頻繁に会うような人ではないけれど、仲良くしていたい、つながりをなくさないようにしておきたい、という時に使えるフレーズです。"in touch" だけでも「連絡を取り合っている」という意味になります。

今夜の例文

Jade's Mom: Goodbye, Mariko. It's been delightful having you here. Do take care on your journey home.

Mariko: Thank you, Mrs. Smith. I've had a wonderful time staying with you and Jade. I'll cherish the memories.

Jade's Mom: We'll miss having you around, Mariko. Remember, keep in touch. We'd love to hear from you and know how you're doing.

Mariko: Absolutely, Mrs. Smith. I'll make sure to keep in touch. Thank you again for your hospitality. Take care, and I hope to see you and Jade again soon.

さらに知っておきたい単語

it's delightful ～ ing	～して嬉しい、楽しい
your journey home	帰り道
stay with	～の家に滞在する
'd love to	～したい（'d は would の略）

ジェイドの　さようなら、マリコ。来てくれて嬉しかったわ。帰り道に
ママ：　気を付けてね。

マリコ：　ありがとうございました、スミスさん。素敵な時間をあ
　　　　なたとジェイドと過ごせて、とてもよかったです。今日
　　　　のことは忘れません。

ジェイドの　帰っちゃうなんて寂しいわ、マリコ。忘れずにまた連絡
ママ：　ちょうだいね。あなたがどうしているか、連絡待ってる
　　　　から。

マリコ：　絶対にします、スミスさん。必ずご連絡します。おもて
　　　　なし、改めて本当にありがとうございました。お元気で、
　　　　あなたとジェイドにまたお会いしたいです。

hear from	～から連絡がある
make sure to	必ず～する
again	今一度、改めて
hospitality	おもてなし

おわりに

　みなさん、2か月近くにも及ぶ英語勉強、お疲れ様でした！　たくさんの表現を学びましたね。

　もしかすると、ここに辿り着くまでに、1年間掛かった人、1週間で全部読んじゃった人などなど、様々な人がいるかもしれません。多分、毎日一夜分ずつ学んでいきました！っていう人の方が少ないんじゃないかな。でも、私はそれでいいと思っています！

　まずみなさんが、英語に少しでも興味を持って、新しい知識を学ぼうと思ったこと自体が素敵で尊いことだと私は思います。

　この本の内容は、英語を学びはじめた人にとっては「知らない単語ばかりで辞書のようだ……」と思ったかもしれないし、逆に英語を長い間勉強してきた人にとっては知っている表現も多かったかもしれません。

　この本に登場する表現はネイティブがよく使う表現のほんの一部のものたちです。しかし「これらの表現を会話の中で使うことができたら、とてもスムーズに会話ができる」ということを意識して本書を書きあげたつもりです。
　この本を読んで、ネイティブがどのような感覚で英語を話しているのか、少しでもつかんでいただけたなら幸いです。

私は9歳でオランダに渡ってから、現在に至るまでの13年間、英語を話さなければいけない環境で、この本に載っている表現だけでなく、この本に載り切らなかった表現も、繰り返し使い続けて覚えました。それらがスムーズに使えるようになってはじめて、英語が流暢に話せるようになりました。

　みなさんの中で、今よりももっと自然な英語を話したい！と思っている方がいれば、この本を1周とは言わず、2周、3周と繰り返して、暗唱できるくらいまで覚えていってもらえれば、自然な英語が話せるようになるのではないかと思います。

　そうでない人も、眠りにつく前のたった5分間でも繰り返しASMR音声を聞いて、リラックスしていただければと思います。

　この本がこれからも、あなたの英語学習と安らぎのサポートになりますように。

　それではみなさん、今夜も穏やかな夜を。

　おやすみなさい！

著者紹介

BlueKatie

2002年生まれ。オランダ人の父と日本人の母の間に生まれる。9歳まで日本で過ごした後、オランダに移住。日本語・英語・オランダ語のトリリンガルとなる。京都大学への留学を経験後、オランダの国立ワーゲニンゲン大学を卒業。2018年よりASMRを使った動画の投稿を開始し、「不安が取り除かれリラックスできる」と人気を集める。2023年より日本在住。2024年5月現在のYouTube登録者数は50万人。TOEIC®990点取得。

YouTube @ASMRBlueKatie

スタッフリスト

Narration
BlueKatie

・

Design
柴田ユウスケ
北英理香
(soda design)

・

DTP・校正
株式会社 鴎来堂

・

Audio recording
一般財団法人 英語教育協議会(ELEC)

・

Edit
土田浩也

ASMRで何度も聞ける　魔法の英語パターンリスニング

2024年6月18日　初版発行

著／BlueKatie

発行者／山下　直久

発行／株式会社KADOKAWA
〒102-8177　東京都千代田区富士見2-13-3
電話　0570-002-301(ナビダイヤル)

印刷所／株式会社リーブルテック

製本所／株式会社リーブルテック

●お問い合わせ
https://www.kadokawa.co.jp/（「お問い合わせ」へお進みください）
※内容によっては、お答えできない場合があります。
※サポートは日本国内のみとさせていただきます。
※Japanese text only

定価はカバーに表示してあります。